지적 대화를 위한

교양인의
사회학

SOCIOLOGY

지적 대화를 위한
교양인의
사회학

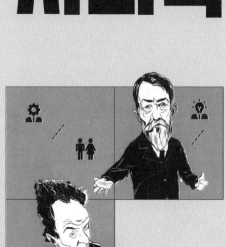

팬덤북스

쿵후 사회학?

대표 사회학자인 피에르 부르디외 Pierre Bourdieu, 1930~2002 는 자신의 삶과 작품을 다룬 다큐멘터리에서 '사회학은 무술'이라고 언급했다. 물론 사회학을 배운다고 해서 쿵후처럼 자동적으로 검은 띠를 딸 자격을 얻는 것은 아니다. 그는 사회학의 가치가 계급이나 인종, 성별 그리고 그 외 여러 가지 것들에 기초한 사회적 불평등인 '지배력의 탈피'를 돕는 것에 있다고 강조한다. 우리의 일상에는 항상 지배가 존재하고, 그 지배력은 우리가 인식할 수 없게 위장하고 있다.

그가 강조하는 사회학의 역할은 사회 전반에 걸친 지배의 작용을 드러내고 폭로하는 것이어서, 사회학을 자기방어를 위한 무술이라고도 말한다.

다만 사회학은 부당한 공격을 하기 위해 사용할 권리는 없어. 자신을 방어하는 수단으로만 사용할 수 있지.

이 책은 사회 변혁을 위한 도구로써의 자기계발서나 지침서가 아니다. 주요 사회학 사상가들, 사회학 개념, 사상의 개요를 설명함으로써 독자들이 학문이라는 풍부한 지적 유산에 익숙해지기 위함이다.

부르디외가 언급한 것처럼 사회학에 참여하는 것은 무술을 배우는 것과 유사하며, 이 책을 읽는 것은 공정한 사회 건설에 필요한 연습이 될 수 있다.

CONTENTS

제1장

사회학이란
무엇인가

우리의 선택 방식은 항상 우리가 속한 사회 집단의 영향을 받는다. 사회학을 고찰하는 방법은 사람들이 사회의 영향을 받고 영향을 미치는 방식, 그리고 사회제도가 집단이나 사회와 결부되어가는 과정을 방법론적 연구로써 바라보는 것이다.

사회학이란 무엇인가?

- 하워드 베커

1987년 마거릿 대처 Margaret Thatcher, 1925~2013 영국 수상은 인터뷰에서 유명한 말을 남겼다.

"사회 같은 건 없다."

사회학자들은 대처 수상이 사회를 바라보는 관점에 동의하거나 동의하지 않을 수 있다. 비록 많은 사람이 '개인적'으로 행동하고, 믿을 수 없는 선택을 하는 세상에 살고 있다고 해도, 우리의 선택 방식은 항상 우리가 속한 사회 집단의 영향을 받는다. 물론 사람들은 대처의 견해에 동의할지 모른다. 하지만 사회는 제도적으로 고정되어 있거나 불변의 것으로 존재하지 않는다.

우리에게 주어지는 기회나 가치는 사회적 지위에 의해 형성되지. 또 사회란 공통의 목표를 성취하려는 사람들 간의 일상적인 상호작용의 총합이지.

사회학을 몇 마디로 단순하게 정의할 수 있을까? 사회학이란 학문이 이제 겨우 1세기를 넘었고, 광범위한 이론적·방법론적 접근법을 포함하는 것을 감안하면 상당히 어려워 보인다. 사회학을 고찰하는 방법은 사람들이 사회의 영향을 받고 영향을 미치는 방식, 그리고 사회제도가 집단이나 사회와 결부되어가는 과정을 방법론적 연구로써 바라보는 것이다.

좋은 사회학이란 조직이나 사건의 의미 있는 설명, 이것이 어떻게 발생하고 지속되는지에 대한 타당한 설명을 하고, 이를 개선하고 제거하기 위한 현실적인 제안들을 만들어내는 사회학적 작업이지.

· 하워드 베커

사회학의 목적

사회학의 목적은 사회구조가 우리의 삶을 특징짓는 기회와 제약을 어떻게 만들어내는지 규명하는 것이다. 여기서 사회구조란 제도로 형성된 사람들 사이의 안정된 관계를 말한다. 사회학은 우리에게 작용하는 사회적 영향력을 확인할 수 있도록 사회구조를 도식화한다.

또 인간의 행동이 개인주의이거나, 생물학적 충동으로 순수하게 이뤄진다는 잘못된 믿음에 도전한다. 그래서 개인을 사회의 구성원으로 만드는 '사회 동학 역학'을 이해할 수 있게 돕는다.

02 사회학적 상상력

- C. 라이트 밀스

사회학적 사고란 미국의 사회학자 C. 라이트 밀스 C. Wright Mills, 1916~1962 가 정의한 '사회학적 상상력'을 말한다. 밀스는 우리가 사회학적 상상력을 강화할 때, 사회적 힘이 개인의 삶에 얼마나 폭넓게 영향을 미치는지 알 수 있다고 주장한다. 밀스에게 사회학적 상상력은 우리가 살고 있는 사회를 개인적, 혹은 개인의 결점으로 보지 않는다. 오히려 사회가 개인의 많은 문제를 책임져야 한다는 관점이 강하다.

밀스는 사회학적 상상력을 배양하는 일은 쉽지 않다고 했다. 실업 탓으로 돌리거나 게으름을 탓하거나 가난을 탓하는 것이 더 쉽기 때문이다. 일류 대학에 입학할 때 학생을 지능순으로만 선발하면 쉬운 것과 마찬가지다. 하지만 사회학적 상상력은 인종적·성별적·사회적·경제적 불평등이 자연적인 사실이 아닌 사회의 산물임을 알게 해준다.

공공 사회학

- 지그문트 바우만

사회학적 상상력을 배양하는 것은 공공 사회학을 향해 나아가는 첫 걸음이다. 공공 사회학은 대중을 좀 더 참여하는 시민으로 만들고, 이는 학계에 국한되지 않고 공공 정책을 이끌어 가기 위한 목표로서 중요하다.

지그문트 바우만 Zygmunt Bauman, 1925~2017 과 같은 사회학자들은 사회가 어떻게 기능하는지를 규명하고, 좀 더 공정한 세상을 만드는 쪽으로 변화가 일어나길 희망했다. 사회학적으로 생각하면 이전에 알 수 없던 삶의 사회적 맥락을 이해하고, 우리가 사회구조의 포로로 존재하지 않는다는 사실을 배울 수 있다.

사회학자들이 사회를 매우 비관적인 관점으로 바라보는 것처럼 보일 수 있지만 반드시 그런 것만은 아니다. 그들은 인간을 사회적 산물로 여긴다. 따라서 사람들이 협력할 때 강력한 공공 제도와 공정한 사회로 이어진다고 믿는다. 동시에 우리 사회가 전형적으로 불평등하고 계층화 및 차별 형태를 포함하고 있어, 이 믿음이 자연스럽지 않다는 사실도 인정한다. 하지만 개인으로서든 사회집단 구성원으로서든 우리가 놓인 환경을 변화시킬 수 있다고 믿는다.

인형 극장과 사회

- 피터 버거, 어빙 고프만

피터 버거Peter Berger, 1929~ 는 사회를 인형 극장에 비유한다. 우리는 사회의 보이지 않는 끈에 의해 역할이 결정되는 인형일 수 있고, 또 보이지 않는 곳에 숨겨진 꼭두각시를 조종하는 주인일 수도 있다. 우리는 극장의 규칙과 연기자의 규정을 익힘에 따라 극장이 운영되는 메커니즘을 알 수 있듯이 사회도 그렇다.

어빙 고프만Erving Goffman, 1922~1982 은 사회학은 자신을 가둔 구조물을 허물 수 있는 힘을 갖게 하고, 개인을 '위험한 거인'으로 만드는 잠재력 또한 있다고 인정했다.

극장의 메커니즘을 배우는 것에는 자유를 향한 첫걸음이 필요하지.

거인으로서, 특히 우리가 집단적으로 행동하기 시작할 때 우리가 살고 있는 세상을 변화시킬 힘을 갖게 되지.

사회학의 탄생과 기원

- 존 로크

사회학이 사회적 영향력에 관한 학문이라면, 어떤 종류의 사회, 정치, 지적 사상과 전통이 사회학을 탄생시켰을까? 사회학은 18세기 후반과 19세기 초에 거대한 사회·정치·지적 진보의 틀 안에서 태동했다.

사회학을 성장시킨 지적 사상부터 시작해보자. 좋은 출발점은 18세기에 있었던 유례없는 지적 진보와 정치적 각성의 시대의 사상인 계몽주의였다. 계몽주의는 세상의 이치를 설명하기 위해 종교나 미신이 아닌, 과학이나 합리주의를 적용한 급진적 사상가들에 의해 추진되었다. 이 학자들 중 일부는 사회생활에 과학의 관점을 형성할 수 있도록 도왔다. 다시 말해 사회과학은 신학이나 형이상학과 달리 사회 현상의 합리적인 원인을 찾아야 한다고 주장했다.

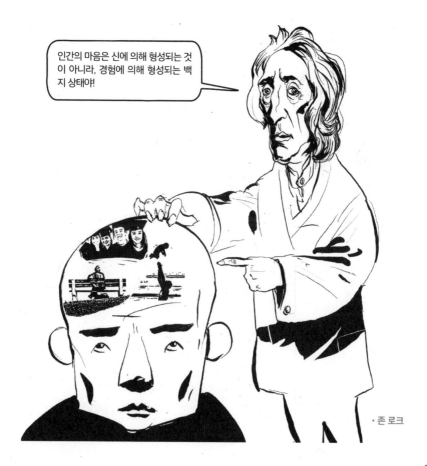

· 존 로크

사회학의 발전

- G. W. 헤겔

독일 철학자 헤겔 G.W. Hegel, 1770~1831 은 사회가 '정신'을 가지고 있다고 상상하며, 사회와 역사에 대한 '이상주의자' 이론을 제시했다. 하지만 헤겔이 말한 '정신'은 사회적 영향력을 의미하지 않고 신에 대한 표현으로 보아, 사상은 혁명적이지만 사회학적이지는 않다.

헤겔은 한 지역의 제도가 느리고 고통스럽지만 전 세계로 확산되는 변화가 '역사'라고 묘사했다. 또 민족국가의 형성을 중요한 사회제도로 보았는데, 민족국가야말로 그 사회와 사람들의 정신이 깃들어 있기 때문이다.

사회의 정신과 문화는 우리를 행동하게 하는 주관적인 생각을 형성하지.

헤겔은 사회를 변혁하는 데 사회제도, 다시 말해 종교와 정부의 역할을 분석했다는 점에서 사회학의 발전에 기여했다.

사회학은 프랑스혁명과 산업혁명이라는 양대 혁명으로 형성된 정치·사회 변혁에서 비롯되었다. 이 두 혁명은 유럽에 존재하던 대부분의 사회 조직을 해체해버렸다. 군주국의 왕조를 전복시킨 프랑스혁명 1789~1799 은 국가에 대한 새롭고 급진적인 사상들과, 사회생활에서 종교의 역할, 그리고 정치·사회 진보를 위한 개혁을 불러왔다. 또 과학적 발견과 기술 진보로 산업혁명이 추진되어 공장 기반의 자본주의 경제를 낳았다.

혁명은 새로운 형태의 사회계층 또한 등장시켰다. 동시에 산업도시가 형성되고 성장해, 복잡한 형태의 사회조직과 경제계층이 발전을 이뤄내는 새로운 역사적 단계를 제공했다.

초창기 사회학 사상가들은 전례 없는 정치적·사회적 변화에 맞서 산업사회를 만든 힘에 대해 설명했다. 이들은 산업사회의 규율을 규명하기 위해 중대한 질문을 던지고, 이 질문들을 다루기 위해 다양한 추가 질문들을 만들었다. 서로 다양하고 유사한 질문들을 던졌지만 서로의 대답에는 동의하지 않았다.

명칭을 갖게 된 사회학

- 오귀스트 콩트

오귀스트 콩트 Auguste Comte, 1798~1857 는 사회학이란 학문의 지적 초석을 다진 인물이다. 1839년 콩트는 자신의 사상을 설명하기 위해 '사회학'이라는 단어를 만들었다. 과학에 깊은 영향과 영감을 받은 그는, 사회를 과학으로 설명하고 싶어 했고 '실증주의'를 주된 접근법으로 활용했다. 실증주의는 사회를 분석하는 도구로써 관찰 가능한 현상을 활용하는 연구이다. 그는 확실한 증거의 사용과 관련된 이성적인 생각이 사회가 어떻게 성공적으로 기능하고, 왜 역사적인 변혁을 겪는지 인간의 이해를 높일 수 있다고 믿었다.

세상을 바라보는 자신의 관찰에 논리적 사고를 더하면, 사회 현상에 대한 이해를 높일 수 있어.

• 오귀스트 콩트

사회 정학과 사회 동학

콘트는 사회가 어떻게 기능하고 변화하는지 다루기 위해 '사회 정학과 동학'이라는 두 개의 용어를 만들었다.

사회 정학 Social statics 은 사회가 원활하고 조화롭게 기능할 수 있도록 허용하는 제도 사이의 연계와 공존에 관한 원칙이다. 사회는 응집력 있는 통합적인 구조로 동시에 작동하는 복잡한 시스템이다. 따라서 사회를 하나로 묶어주는 핵심 요소는 고립되거나 개별적으로 작동하는 제도가 아닌, 가족, 종교와 같이 전체의 일부로 기능한다.

사회 동학 Social dynamics 은 사회제도가 사회 변혁을 일으키기 위해 시간이 흐름에 따라 어떻게 변하는지 주목하는 것이다. 사회제도를 둘러싼 정보의 흐름은 사회 구조를 다른 방향으로 변화시키고 인간의 진보를 이끌어낸다.

그는 사회 시스템이 건강하면 서로 다른 형태의 제도들 사이에도 조화를 이루는 특징을 띤다고 믿었다.

사회 균형을 유지하는 핵심적인 제도는 '분업'이다. 즉 사람들이 어떻게 생산성을 조직하고 물질적인 요구를 충족하는가 하는 점이다. '언어' 또한 사회적 접착제로써 중요한 역할을 한다. 집단 구성원들의 소통과 가치관, 지식을 공유하고 전수한다. 또 '종교'는 사람들의 공통된 목적 의식을 성취하게 한다.

이들 제도가 모두 결합되어
사회 구성원들이 연대하는 사회구조를 형성해.

그는 또한 사회학의 과학적 사고와 합리주의가 미신과 맹목적인 믿음으로부터 우리를 해방시켜주는, 인간 발전의 원동력이 될 것으로 믿었다. 자신의 유명한 세계사인 '3단계 법칙'도 설명했다. 3개의 연속적인 단계에서 각각의 단계는 특정 사회제도를 포함하고 있는데, 마지막 단계인 '긍정'의 단계는 콩트가 주장한 '산업사회'의 출현이다.

콩트는 산업사회의 도래가 새로운 정치·사회 위기를 초래할 것이라고 생각했다. 동시에 과학이 진보한다는 믿음도 확고해, 새로운 합리적인 시스템으로 그 문제들을 해결할 수 있을 거라고 주장했다. 유럽 사회는 과학과 합리성의 가치를 재건해야 했고, 그 결과 '재건법'은 '인간의 종교'를 진보에 헌신하는 세속 종교로 만들 필요가 있었다. 그리고 사회학자들은 이 콩트 교의 새로운 사제 계급이 되었다.

스펜서의 기능주의

- 허버트 스펜서

콩트의 영향력은 사회 정학과 사회 동학의 개념을 도입한 허버트 스펜서1820~1903 의 연구에서 가장 잘 드러난다. 스펜서는 콩트보다 한 발 더 나아갔다. 그는 사회의 각 부분이 특정한 기능이나 목적을 중심으로 전문화되어가는 사회, 소위 '기능주의'라는 개념을 세심히 살펴보기 시작했다.

　스펜서는 자신의 기능주의 모델에서 사회 변화를 설명하려고 시도하면서, 찰스 다윈의 진화론을 콩트의 사상과 결합하여 다소 오용했다. 그는 '구조적 차별화겉보기엔 단순한 사회가 어떻게 점점 더 복잡해졌는가 '와 '기능적 적응사회가 변화 및 복잡한 형태의 사회조직에 적응하는 방법 '을 모두 포함하는 '사회적 진화'에 사회 동학을 적용했다.

내가 기계적인 용어로 표현한 이 적자생존은 다윈이 '자연선택'이라 불렀던 것, 다시 말해 생존을 위한 투쟁에 적합한 인종이 보존(생존)된다고 말한 것이야.

찰스 다윈은 '적응'을 번식 성공으로 정의한 반면, 스펜서는 '적자생존'이 사회에서 개인이 가장 잘 번성할 수 있는 제도적 형태와 밀접한 관련이 있다고 믿었다.

혁명과 투쟁의 사회학

- 칼 마르크스

콩트와 스펜서는 사회 시스템이 산업사회 시대에 조화와 안정을 가져온다고 믿었다. 하지만 19세기와 20세기 초의 많은 사회학 사상가들은 이러한 견해를 공유하지 않았다. 오히려 산업사회의 전형적인 특징으로 갈등과 분열을 꼽았다.

독일의 급진적 사상가인 칼 마르크스도 이 중 하나였다. 비록 자신의 연구성과를 사회학이라 표현하진 않았지만, 그는 사회학적으로 생각했고 사회학을 연구하는 여러 세대에 영감을 주었다. 한편으로 역사적 변화와 진보에 관해서는 콩트와 스펜서의 신념을 공유했다. 그러나 그의 연구는 산업사회뿐만 아니라 가치와 자원을 둘러싼 서로 다른 계급 간의 갈등으로 역사는 앞으로 나아가는 것임을 보여주려 했다. 그리고 이를 '역사적 유물론'이라고 표현했다. 이는 마르크스가 말하는 모든 사회의 정치·경제·사회 제도를 결정하는 생산방식이다.

각각의 모든 사회는 경쟁하는 계급이 자신의 이익을 극대화하고, 지배를 위해 투쟁하는 생산

현존하는 모든 사회의 역사는 계급 투쟁의 역사야.

방식이라고 묘사한 그는 결국 계급 사이의 투쟁에서 산업노동자 계급이 승리할 것이며, 이는 곧 공산주의 사회로 이어질 것이라고 믿었다.

마르크스는 모든 사회가 사회제도를 가지고 있지만, 이들 제도를 형성하는 것은 경제 구조라고 지적했다. 한 사회의 경제 체제는 정치적·법률적·관습적 사회제도뿐 아니라, 의식과 지식을 형성하는 기반 또한 제공한다. 사상과 이념 또한 물질적인 조건으로 형성된다.

사회 갈등

마르크스 연구에서 사회학 발전에 매우 중요한 두 가지 핵심 주제가 있다.

첫째, 그는 '사회갈등'을 역사가 변화하는 원동력으로 보았고, 이러한 분석은 사회계급이라는 개념을 규율 속으로 끌어들인다. 또한 산업시대의 두 계급 사이의 갈등을 다음과 같이 묘사했다. '지배 계급과 억압받는 계급', 또는 '부르주아 계급 통치자와 공장 소유주 과 프롤레타리아 공장 노동자 계급'. 이 두 계급 사이의 기념비적인 충돌에서, 노동자들이 혁명적인 집단행동을 통해 억압을 극복하고 궁극적으로 승리할 것이라고 예견했다. 그가 예견한 승리의 결실은 공산주의의 도래일 것이다. 마르크스는 공산주의 사회의 세부적인 측면까지 명시하진 않았지만, 노동자들이 생산 수단을 통제하는 '평등주의'를 강조했다.

공산주의 혁명에 지배 계급이 떨게 하라. 프롤레타리아는 쇠사슬에서 벗어나는 것 외엔 잃을 것이 없다.

둘째, 무력함에서 비롯되는 고립의 경험인 '소외'라는 사상을 소개했다. 마르크스는 자본주의가 기계화된 산업 시스템 아래에서 일반 공장 노동자들을 작업 행위로부터, 노동자들이 만든 제품으로부터, 또는 동료 노동자들로부터, 심지어는 인간 잠재력 그 자체로부터도 멀어지게 한다고 주장했다. 이렇듯 자본가 계급 공장 소유주 은 노동자를 지배하는 '소외'라는 권력으로 이익을 취했다. 소외에는 여러 형태가 있는데, 그중 노동자들에게 일자리와 급여를 놓고 서로 경쟁시킬 때 '명백한 소외'가 발생했다.

마르크스는 이런 급진적인 저술을 통해, 사회학자들이 혁명적 변혁을 이루는 데 중요한 역할을 한 공공 사회학의 토대를 마련했다. 마르크스 연구의 요지나 지식 수집은 자본가와 그들이 구축한 사회 권력에 도전하고, 사회적·경제적 불평등이 없는 세상을 만드는 데 활용할 수 있었다. 그때부터 마르크스의 연구는 노동자 계급의 관점을 고려하기 시작했다.

'사회학적 상상력'이 개인의 문제가 사회의 거대한 영향력과 어떻게 연결되었는지 깨닫기 위한 것이라면, 마르크스는 급진적인 사상가들에게 '허위의식'에 도전하라고 요구했다. 다시 말해 자본주의 사회의 결함에 초점을 맞추기보다, 개인의 산물로 분류되는 마음의 상태에 도전할 것을 요구했다. 일단 생산 방식과 사회와의 관계를 이해하기 시작하면, 시스템에 도전하기 위한 첫걸음을 내디딜 수 있다. 마르크스는 우리가 어떻게 이용당하는지 인식하는, 다시 말해 '계급의식'을 고양하길 원했다.

10 뒤르켐의 사회학

- 에밀 뒤르켐

마르크스와 함께 다른 독창적인 사상가들도 사회학의 기초를 닦았다. 프랑스 연구자인 에밀 뒤르켐 Emile Durkheim, 1858~1917 은 사회를 이해하기 위해 과학적 방법을 적용한 콩트의 믿음에 영향을 받았다. 뒤르켐은 대학에서 사회학의 규율이 과학에 견줄 만하다는 정당성을 입증하고 싶었다. 그래서 1895년에 최초로 대학에 사회학과를 신설했다.

뒤르켐의 과학적 사회학 역시 마르크스와 마찬가지로, 현대 산업사회가 수많은 개인에게 극도로 해로운 결과를 초래한다는 신념의 자극을 받았다. 그러나 산업사회를 바라보는 관점은 마르크스와 큰 차이가 있었다.

갈등과 분열은 현대사회의 주요 특징이야. 인류의 진보가 도달할 종착점은 혁명과 공산주의지. 우리는 노동자 계급의 관점을 가져야 해.

· 에밀 뒤르켐

연대는 사회를 함께 유지하기 위해 중요하지. 사회학은 점진적으로 사회를 개혁하는 데 도움을 주지. 우리는 중립적이고 과학적인 분석을 해야 해.

35

연대

뒤르켐 사회학은 인간의 행동패턴이 사회구조와 제도를 확립한다
는 것이 핵심이다. 그가 말한 사회는 부분의 합보다 더 많은 것을
대표하는 복잡한 유기체로, 이 유기체가 산업사회에서 어떻게 기
능하는지 질문하고 '분업'을 분석해 그 질문에 답했다. 상대적으로
규모가 작은 전통사회에서 분업은 '기계적인 연대', 다시 말해 공
동 신념과 도덕 체계로 유지되는 강력한 공동체적 통일감으로 정
의할 수 있다.

　그러나 산업사회의 출현은 '유기적 연대'로 만들어진 새로운 노
동 분업을 만들어냈다. 유기적 연대란 구성원 통합이라는 특정 형
태의 전문화에 기반을 둔 사회적 관계를 말한다. 소규모 사회는 집
단 구성원들이 공유하는 '도덕적 합의'로 유지되지만, 현대 산업사
회는 '기능적 상호의존'을 통해 작동한다.

사회적 사실

그래서 사회규범은 사회기능을 유지하는 데 반드시 필요하다. 하지만 우리는 그 규범이 무엇인지 어떻게 알 수 있을까?

뒤르켐은 사회의 한 부분으로 존재하고, 구성원들에게 영향을 미치는 규범이나 가치관, 종교적 신념을 '사회적 사실'이라고 정의했다.

우리는 사회적 역할과 의무를 수행할 때, 보통 왜 그래야 하는지 묻지 않고 그저 그렇게 한다. 그런 사회적 역할은 제2의 천성처럼 굳어진다. 이것은 우리를 통제하기 위한 감정과 생각, 행동양식으로 구성되어 있다. 그래서 사회적 사실을 사회학 조사의 주요 대상으로 삼는 뒤르켐은 자연계 학문인 과학과 사회학을 구별한다.

범죄

사회적 사실을 조사하는 것은 사회구조가 인간의 행동과 가치를 어떻게 이끌어내는지 드러낸다. 사회적 사실들은 개인의 행동 대부분이 사회구조의 결과라는 것을 보여준다. 따라서 이러한 '사실'들은 사회가 기능하고 연대하는 방법의 중심이 된다.

역설적으로 범죄 행위조차 사회 질서 유지에 필수적인 역할을 한다. 뒤르켐은 산업사회에서 범죄는 부분적으로 산업사회의 성장으로 야기된 사회적 유대감이 약화된 결과라고 보았다. 그는 범죄 행위가 사회의 도덕을 확인하기 위해 어떻게 사용되는지에 관심이 있었다. 범죄는 사회규칙을 어기기 때문에 범죄로 정의된다.

범죄는 사회규범이라는 힘을 부각시키는 일탈 행위야. 우리는 일탈 행위가 범죄이기 때문에 비난하는 것이 아니지. 우리가 그것을 비난하기 때문에 범죄인 것이야.

자살

뒤르켐은 1897년 자살에 관한 책을 출판해 사회학 연구를 위한 방법론적 접근을 시작했다. 그의 방법론은 통계 작성과 분석이 주를 이뤘다. 질병으로 인한 결과와 달리, 자살에는 사회적 원인이 있을 거라는 가설을 세우고 자신의 이론을 뒷받침하기 위한 자료들을 수집했다.

여러 사회집단 및 국가들, 일정 기간 동안의 자살률 통계에 세심한 주의를 기울인 결과, 자살률은 한 국가 내에서는 일관된 비율로 나타나지만 국가 간에는 뚜렷한 차이가 있었다. 가톨릭 신자들에 비해 개신교도들의 자살률이, 가톨릭 국가보다 개신교 국가의 자살률이 더 높았다. 또 같은 나라에서도 개신교도의 자살률이 더 높았다.

뒤르켐은 단순하게 자살과 종교 집단을 연결하는 것만으로는 충분하지 않아, 개인주의 성향이 강한 개신교 신자, 사회 통제의식이 더 강하고 공동체 생활을 하는 가톨릭 신자와의 자살률 차이를 비교했다. 그 결과 급격한 경제 여건 변화, 아이를 갖지 않는 비율 증가, 전시 생활과 관련된 인구 감소 비율 해당 국가의 승패 여부와 상관없이 등이 자살률에 더 많은 영향을 주었다.

뒤르켐의 연구는 사회 연대에 중점을 두고 설명한다. 사회공동체로부터 고립감을 느끼는 개인은 자살에 매우 취약했다. 현대사회는 개인주의가 만연하고 전통적 권위가 상실된 사회로 명백히 자살에 취약한 사회다.

11 사회학과 자본주의

- 막스 베버

초기 사회학의 또 다른 핵심 인물로 막스 베버 Max Weber, 1864~1920 가 있다. 그는 사회적 사실을 분석하는 데 있어 뒤르켐과 상당히 달랐다. 그는 사회가 작동되는 근본적인 개념을 모른다면, 사회현상을 관찰하는 것은 아무 가치가 없다고 주장했다. 그래서 사회과학자들이 연구를 수행할 때, 개별적인 편견을 인정할 책임이 있다고 말했다. 사회학자들이 사회에 도덕적 가치를 부여하는 것은 당연한 일이지만, 이는 가치 있는 연구를 어렵게 하기도 한다.

사회학자들은 연구에서 가치중립성을 목표로 삼아야 하지. 우리는 이념적·문화적·비과학적 가정들을 연구에서 제거해야 하지. 그러나 사회를 연구할 때 과연 진정으로 객관적이고 중립적일 수 있을까?

이상형(이상적인 유형)

사회학 연구에서 사회행동의 다양성과 복잡성을 완전히 포착하는 일을 단순하게 해서는 불가능하다. 사회학자들은 결과를 일반화하고, 기간이나 지리적 위치를 교차시켜 사회현상을 비교하고 대조한다. 베버는 사회학자들이 '이상형'을 활용해야 한다고 강조했다. 이상형이란 특정 요소를 선택하고 강조해 현실을 근사치화하는 데 이상적인 방법이다.

베버가 강조하는 이상형은 사회생활의 본질적인 특징을 찾는 것이다. 예를 들어 이상적인 유형의 자본주의 사회, 개신교도 여성, 심지어는 내전까지도 고려한다. 이를 통해 이상적인 유형의 핵심적인 측면을 파악할 수 있다면 체계적인 연구가 가능할 것이다.

사회학에 대한 베버의 지적 공헌은, '전통'에 기반을 둔 사회에서 '합리성'이 특징인 사회로의 변혁에 관한 저술에서 비롯된다. 사회가 산업자본주의 체제로 변모하면 필연적으로 '각성 탈주술'과 '합리성'의 증가를 경험하게 된다. 각성은 현대생활에서 모든 미신과 자발성이 침식되어가는 것을 말한다.

그는 현대사회가 모든 측면에서 효율성과 합리성으로 통제해, 결국 우리를 '철창'에 가둘 것이라고 주장한다. 베버가 규정하는 철창은 합리적인 계산에 기반을 둔 관료사회에서 생활하는 대가다.

프로테스탄트(개신교) 노동 윤리와 자본주의

베버는 현대사회가 합리성에 기반한 사회로 변모하는 근본 원인이 자본주의의 출현 때문이라고 주장했다. 그는 개신교 개혁에서 근대까지 장기간에 걸쳐 근대 자본주의를 이끌어온 기원의 가치와 사상을 추적했다. 그 결과 이야기의 중심엔 자본주의에 자신을 빌려주는 특별한 문화적 가치가 구축되어 있었다.

그는 특히 자본주의 정신이 개신교주의와 '노동 윤리'에서 명백히 드러난다고 주장했다. 다시 말해 프로테스탄트 신학과 자본주의 세계관 사이에는 '선택적 친화력'이 있다는 것이다. 베버의 프로테스탄트 신학 분석은 종교와 같은 문화적 가치가 거대한 사회 변화에 어떻게 기여할 수 있는지 보여준다.

자본주의가 서유럽에서 먼저 발전한 이유는 무엇일까? 마르크스는 종교가 경제 발전에 따른 것으로 보았지만, 나는 종교가 독자적으로 경제 구조를 다질 수 있다고 믿지.

'개신교 노동 윤리'가 자본주의 사회의 서막을 열었다. 개신교 개혁을 성공적으로 이뤄낸 국가들에서 가장 먼저 자본주의가 일어났기 때문이다. 일부 개신교 종파에서는 개인의 경제적 부를 신의 은총으로 보았다. 그래서 개신교 교도들은 돈을 모으기 위해 합리성, 근면성, 자기 성찰을 삶에 적용했다. 이런 정신은 사람들에게 과도한 소비를 부도덕한 것으로 보고 거부하도록 촉구했고, 재정적 부는 더 큰 이익 창출을 위해 재투자되었다.

　　'개신교의 노동 윤리'는 고행, 절제, 검소, 시간 사용과 같은 합리적인 접근까지 포함한 금욕적인 생활양식에 기반한다.

개신교도의 금욕적인 생활방식에는 다른 종류의 자기 통제도 뒤따른다. 성생활은 육체적 쾌락을 불러일으키고 자제력 상실로 이어진다고 판단해 위험한 것으로 간주했다. 섹스의 기능도 쾌락이 아니라 재생산으로 보았다. 과식도 비난을 받아 통제력 부족의 증거로 간주했다. 이러한 개신교의 노동 윤리는 국민이 개신교도든 아니든 자본주의 국가에서 삶의 중심 원리가 되고 있었다.

철창

'철창'은 특정한 자질을 만들어내는 사회조직에 바탕을 둔 근대자본주의 사회의 산물이다. 자본주의 특히 직장에서 는 전문화된 업무, 기술적 역량, 비인격성, 개인의 규율을 엄격히 다루는 대규모 조직이나 제도를 만들어냈다. 합리적인 국가제도의 핵심은 바로 관료의 발전이다.

관료주의는 모든 사람에게 유연하지 않은 표준 규칙을 적용해, 궁극적으로 사회적인 소외와 억압적인 규제 및 비인간화를 초래했다. 이를 우리는 '철창에서의 삶'이라고 부른다.

12

구조 기능주의

- 탈코트 파슨스

차세대 사회학자들은 뒤르켐이나 베버의 영향을 받았다. 하지만 미국 사회학자 탈코트 파슨스 Talcott Parsons, 1902~1979 는 '분석적 현실주의'라는 개념으로 베버와 뒤르켐의 견해를 통합하려고 했다. 베버를 통해 사회학적 관찰은 개념 없이는 불가능하며 모든 개념은 가치 상대적이라는 점을 인식했고, 뒤르켐을 통해 사회적 사실에서 세상을 알 수 있다는 점을 받아들였다.

분석적 현실주의는 개념을 만들기 위한 개념 개발이 중요하고, 관찰은 증거와 비교해서 확인해야 하지.

· 탈코트 파슨스

또 자연계를 연구할 때 사용하는 개념과는 다르게, 사회학자들이 사회행동을 연구할 때 참고할 만한 '행동의 틀'이 필요하다고 주장했다. 자신이 연구하는 개인이나 집단에서 나타나는 현상을 이해하려고 노력하는 것이 사회학자들에겐 중요했다. 이 '행동의 틀'은 사회와 사회집단을 한데 묶여 있는 제도로 바라보는 '구조 기능주의'에서 사용한다.

파슨스는 사회학자들의 목표가 사회 시스템의 다양한 부분을 파악한 후, 그것들이 시스템 안에서 작용하는 구체적인 기능을 전반적으로 보여주는 것이라고 생각했다. 일례로 산업사회에 등장한 '핵가족 성인 부부와 자녀'이 변화하는 가족의 기능을 보여준다고 주장했다. 현대 가족의 목적은 아이들을 계급, 성별과 같은 역할로 사회화시키는 것이 되었다.

아들아! 밖에 나가서 축구를 하거라. 사내아이가 집안에 틀어박혀 있는 건 건강에 좋지 않아.

13

상징적 상호작용주의

- 허버트 블루머

1970년대까지 구조 기능주의는 사회학에서 지배적인 위치를 유지하고 있었다. 그러나 일부 사회학자들은 기능주의를 비판했다. 기능주의가 사회구조와 연관되어 생각하고 행동하는 방식, 다시 말해 사회적 행동을 무시한다는 것이다. 사회 변화 또한 고려하지 못했다고 비판했다.

이에 사회학자 허버트 블루머 Herbert Blumer, 1900~1987 는 '상징적 상호작용' 이론을 전개했다. 이 이론은 사회를 공유된 목표를 달성하려는 사람들 사이의 일상적인 상호작용의 산물로 본다. 사회는 구성원들이 일상적이고 지속적인 상호작용을 통해 공유된 현실을 구축한 결과라는 것이다.

블루머는 사회학 연구자들에게 집단이 사회에 제공하는 수많은 주관적 의미를 밝혀내도록 장려했다. '주관적'이라는 말은, 사람들이 자신의 행동을 다른 배우들의 행동에 맞춰 지속적으로 수정하는 실용적인 배우가 되는 것을 의미했다. 우리는 이러한 행동을 해석하고 상징적인 형태로 취급하기 때문에 그 행동에 반응할 수 있다.

사회는 기능주의자들이 주장하는 것처럼 단순히 고정된 것이 아니라, 매우 유동적이고 유연한 상호작용으로 얽혀 있다. 따라서 사회학 연구는 사람들이 어떻게 상호작용하고, 시간이 지남에 **따라** 개인이 어떻게 자아 감각을 모으는지 더 많은 관심을 필요로 **한다.**

블루머와 다른 상징적 상호작용론자들은 주로 시카고 대학에 기반을 두고 있었고, 시카고는 그들에게 연구할 수 있는 배경을 제공했다.

학문으로서 사회학은 이제 도시화의 원인, 다시 말해 농촌에서 도시로의 이동뿐만 아니라 사회에 미치는 결과까지 이해할 수 있게 발전했다. 사회학자들은 상대적으로 규모가 작은 사회에서 거대하고 복잡한 사회로 변화하는 과정을 탐구하기 시작했다. 저명한 사회학자들은 이러한 급격한 변화가 도시 산업화의 급격한 진행으로 농촌에서 도시로 노동자들이 대거 흡수되었기 때문이라고 설파했다.

이 도시는 1800년도에 천 명에 불과했던 인구가 20세기 초에 168만 9천 명으로 증가하면서 거대한 변화를 겪었지.

• 허버트 블루머

14

공동체와 사회

- 페르디난트 퇴니에스

독일 사회학자 페르디난트 퇴니에스 Ferdinand Tönnies, 1855~1936 는 '공동체'와 '사회'를 구별했다. 집단에 대한 의무와 공동의 문화 감각으로 보호되는 사회, 다시 말해 '공동체' 사회의 특징은 규모가 작고 대면관계가 주를 이루고, 비교적 잘 변하지 않는 단순한 형태의 위계질서를 갖고 있다.

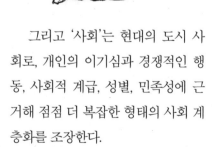

내 작물이 실패하면 공동체 전체가 고통을 받으니 서로를 돌보는 거지.

그리고 '사회'는 현대의 도시 사회로, 개인의 이기심과 경쟁적인 행동, 사회적 계급, 성별, 민족성에 근거해 점점 더 복잡한 형태의 사회 계층화를 조장한다.

나는 이웃을 몰라.
일과 나만의 사교 모임 때문에 너무도 바빠.

독일의 또 다른 사상가 게오르크 짐멜1858~1917 은 '대도시'를 분석했는데, 19세기 산업도시의 발전이 일의 전문화를 바탕으로 자본주의, 기계화 사회를 만들어 개인주의를 창조했다고 언급했다. 그러나 역설적으로 개인의 자유는 개인들을 점점 더 다른 사람의 보완적인 활동에 의존하게 만들었고, 도시에서 사회적인 관계는 금융 거래로 전락한다고 말했다.

산업도시에서는 개인주의가 만연하다. 사람들은 무리 안에서 돋보이기를 원한다. 사회학자인 소스타인 베블렌Thorstein Veblen, 1857~1929은 도시 거주자들이 자신의 취향과 사회계급을 과시하기 위해 물건을 사는 데 집착하는 모습을 설명하기 위해, '혐오스런 소비'라는 표현을 썼다. 경우에 따라서는 높은 구매력을 과시해 사람들로부터 질투를 유발하는 '악의적 소비'를 시도하는 경우도 있다.

도시 생활을 연구하는 가장 체계적인 시도는 시카고를 연구하는 사회학자 그룹에서 나왔다. 시카고학파의 주요 구성원은 허버트 블루머, 로버트 박 Robert Park, 1864~1944, 어니스트 버지스 Ernest Burgess, 1886~1966 다. 시카고학파로 알려진 이들은 퇴니에스, 뒤르켐, 짐멜의 사상을 '도시 생활' 이론에 접목했다.

이들은 시카고를 서식지와 자원을 놓고 경쟁하는 집단의 '인간 생태학'으로 묘사했고, 도시를 일련의 동심원으로 보았다. 각각의 원이나 구역은 상대적 힘과 영향력에 따라 특정 집단을 포함하고 있으며, 중심에서 가장 가까운 집단이 가장 큰 사회적·경제적 영향력을 갖는다.

마치 식물이 자연 서식지에 서식하기 위해 경쟁하듯, 서로 다른 인종이나 사회 집단, 기업이나 주택 소유자들 또한 도시 환경이라는 영역을 식민지화하려는 목표를 갖지.

· 어니스트 버지스

좋은 곳은 아니지만 내가 감당할 수 있는 곳은 여기뿐이야.

15

미시 사회학

- 어빙 고프만

사회학 연구는 대체적으로 '거시 사회학'을 수행하는 사람들과 '미시 사회학'에 초점을 맞춘 사람들의 노선으로 분열되는 경우가 많다. **거시 사회학**은 사회구조, 사회 및 사회 변혁의 패턴과 관련하여 높은 **수준의 응집**과 큰 관련이 있다. 이는 **종종 국가적**이고 심지어는 글로벌 사회 세력이 사회제도에 미치는 영향을 탐구한다. 그래서 거시 사회학은 중요하지만 사회를 만들고 행동할 때 개인이나 소규모 사회 집단의 역할을 간과할 수 있다.

미시 사회학은 대면을 통한 개인들 간의 상호작용에 초점을 맞추면서 이러한 우려에 관심을 기울인다. 미시 사회학의 대가인 어빙 고프만 Erving Goffman, 1922~1982 은 정신병원에서 세틀랜드 제도에서의 현장 연구까지 매우 다양한 환경에서 연구를 수행했다. 그는 우리가 다른 사람과 관련하여 어떻게 자기 정체성을 드러내는지 관심이 있었다.

바람은 어둠을 부채질할 거야.

고프만은 상징적 상호작용주의자들을 따라 자신이 '상호작용의 순서'라고 부르는 것, 다시 말해 다른 사람들 앞에서 우리가 어떻게 행동하는지에 관심을 가졌다. 또 상호작용을 조사해 사회가 어떻게 작동하는지 설명했다. 상호작용의 순서는 구성원들이 대면하면서 관계를 맺는 암묵적이고 숨김없는 의식, 행동 규칙을 포함한다. 고프만이 정의하는 상호작용의 보이지 않는 규칙들은, 우리가 행동으로 현실을 만들어내는 보다 폭넓은 사회구조를 드러낸다.

인상 관리

고프만은 버거 Berger 의 '꼭두각시 극장'을 예로 들어, 사회생활을 '극적'으로 분석했다. 일상적인 사회생활은 극장과 같고, 사람들은 사회화된 대본의 역할을 연기하는 배우가 된다. 특정 극장에서 사회생활을 하는 우리 모두는 배우나 관객이다. 사회적 행위자로서 우리는 청중에게 자신의 특별한 인상을 전달하려고 노력하면서 대본, 소품, 의상, 대화, 몸짓 등으로 '인상 관리'를 한다는 것이다. 그리고 '자아'란 공연 행위와 상호작용을 하면서 다른 사람들에게 수용될 때 비로소 '실제'가 되는 것이라고 파악했다.

감정 노동

'극장' 비유는 사회생활의 모든 측면에 적용할 수 있지만 특히 상업적인 환경에서 두드러진다. 미국 항공 승무원에 대한 앨리 러셀 혹실드Arlie Hochschild, 1940~ 의 연구는 감정을 상호작용 순서의 중심에 두고 고프만의 분석을 확장한다. 비록 감정 표현이 복잡할 수 있지만, 우리는 개인의 정체성을 나타내는 감정 표현이 매우 중요한 사회에 살고 있다.

정서적인 부분은 생물학적 요인의 결과일 뿐 아니라, 고용주들에 의해 갈수록 더 통제가 심해지는 부분이다. 그래서 혹실드는 고객 서비스 직종에 종사하는 직원들이 조직이 정의한 규칙에 따라 자신의 감정을 관리해야 하는 '감정 노동'에 새로운 변화가 필요하다고 지적한다.

감정 노동이란 개인의 사적인 감정을 조직의 기대치에 맞추는 것이다. 여기엔 '깊이 있는 행동'과 '표면적인 행동'이 포함된다. 깊이 있는 행동은 근로자가 고객과 강한 유대관계를 맺기 위해 진정성 있는 감정을 끌어낼 때 발생한다. 표면적인 행동은 근로자가 믿고 있는 감정들이 업무 규칙이나 규범들에 부합하지 않다고 생각할 때 일어난다. 연기가 뛰어난 배우처럼 개인의 정체성이 연기에 깊이 투영된다.

그럼에도 불구하고 혹실드는 마르크스의 '소외' 개념을 근거로, 진정성 없는 감정을 표출해야 하는 근로자들은 결국 자기 소외감이나 고통을 겪을 수 있다고 주장했다. 또한 항공 승무원들의 업무 경험을 연구하면서 고객의 모욕을 참아가며 개인적인 일로 치부할 때, 특히 고통을 느낀다는 사실에 주목했다.

제2장

현대사회학과
사상가들

현대 사회학자들의 연구는 어떤 측면에서 현대사회에
중요한 통찰력을 제공할까? 현대사회학 사상가들은
누가 있고, 그들의 연구는 어떤 영향력이 있을까?

16 사회구성주의

- 미셸 푸코

지금까지 사회학 분야를 정의한 주요 인물 중 몇 사람의 연구성과에 대해 설명했다. 이 학자들 중 일부는 사회학의 다른 많은 분야에도 영향을 미치고, 또 다른 여러 가지 방식으로 연구를 계속하고 있다. 현대 사회학자들은 그들의 연구가 어떤 측면에서 아직까지 현대사회에 중요한 통찰력을 제공하는지 논의를 계속하고 있다.

그렇다면 현대사회학 사상가들은 누가 있고, 그들의 연구는 어떤 영향력이 있을까? 이를 시작하기에 적절한 학자로 미셸 푸코 Michel Foucault, 1926~1984 가 있다. 푸코는 자신의 연구를 반드시 사회학으로 간주하지는 않았다. 철학과 역사, 의학, 문학비평, 사회이론에 조예가 깊어, 한 가지 학문에만 몰두하기엔 아까운 인물이었다.

푸코의 연구는 현대사회학에 매우 큰 영향을 미친다는 사실이 증명되었어.

푸코의 연구는 권력과 지식 및 '담론'의 관계를 고려한다. 베버처럼 현대의 발전은 계몽된 진보의 결과라는 사상에 도전장을 내민 그는, 현대사회는 감시 형태가 증가해 권력이 확장되어 작용한다고 보았다. 권력이란 모든 것을 관통하고, 특히 사회제도에 내재된 사상이나 언어와 같은 담론을 형성한다고 보았다. 그래서 현대사회의 제도들이 우리를 어떻게 분류하고 범주화하느냐에 따라 사회적 정체성을 형성할 힘을 갖게 된다고 주장했다. 그 결과 푸코는 사회구성주의의 핵심 인물로 평가받고 있다. 사회구성주의란 사회의 현실은 과정과 실천의 결과라는 것을 의미한다.

저는 사회생활과 정체성의 모든 측면을 구성적으로 파악한다는 점에서 이 관점을 더 깊게 봅니다.

이것이 고프만과 같은 이전의 구성주의적 접근 방식과 어떻게 다른가요?

지식은 권력

푸코의 구성주의는 그의 가장 위대한 주제 중 하나인 지식과 감시 사이의 관계에서 더욱 명백해진다. 푸코의 출발점은 연구해야 할 가장 중요한 것을 '지식'으로 본다는 점이다. 개인과 집단에 대한 지식이 많아질수록 이들을 통제할 수 있는 힘도 많아지기 때문에 지식은 사회권력의 핵심이다. 그리고 지식은 민주주의나 자유와 같이 인간의 더 큰 자유로 이어져야 한다.

그러나 푸코는 지식의 수집은 종종 반대의 결과를 초래한다고 주장한다. 지식은 새로운 형태의 권력과 더 큰 규율을 만들어내기 때문에 위험할 수 있고, 우리의 자유를 제한할 수도 있다.

지식과 권력, 감시 사이의 관계는 푸코가 수세기에 걸친 다양한 형태의 제도를 추적하고 분석한 것을 통해 알 수 있다. 그는 사회통제의 형태로 제도가 어떻게 점진적으로 발전해왔는지 분석했고, 특히 중요한 제도를 가리켜 '정신병원'이라고 지적한다. 중세시대엔 '미친 것'이 반드시 병으로 간주되지 않았다. 오히려 당시의 '실성한 사람'은 공동체의 중요한 구성원이었고, 숨겨진 형태의 지혜를 가진 사람으로 높이 평가되기도 했다.

그런데 18세기에 계몽주의 등장과 함께 의학과 과학 지식이 강조되면서 '정신 이상'은 더 이상 지혜가 아닌, '제정신'과는 별개의 범주로 구별했다. 그 결과 정신 이상자는 감금되었다.

정신 이상자들은 갑자기 일탈자로 간주되어 '정상적인' 사회에서 격리되었지.

현대사회 19세기 후반부터 는 정신병을 치료할 수 있는 병으로 취급했다. 그렇기 때문에 좀 더 인간적으로 고안된 새로운 형태의 정신병원을 만들었다. 정신질환을 치료하기 위해서는 이에 대한 보다 객관적인 지식 또한 필요했다. 그 결과 전문 정신과의사를 포함한 새로운 차원의 전문의들이 탄생했는데, 정신 이상에 관한 지식을 얻고 이들을 통제하기 위한 목적이었다.

푸코는 정신병원을 개발한 것이 이른바 '대감금'의 일부라기보다는 환자의 회복을 염두에 둔 자비로운 움직임으로 보았다. 다시 말해 가난한 자, 매춘부, 노숙자, '광인'과 같은 사회적으로 바람직하지 못한 사람들을 공공의 시야에서 분리하기 위한 것이었다.

사회적 범주화

현대의 격리제도는 환자의 치료로 이어지기보다 점점 더 많은 형태의 사회적 통제를 만들어냈다. 푸코는 환자들이 자신들만의 생각으로 정의를 내면화하면서, 사람들이 '정신 이상'과 '미친 것'으로 분류하고 범주화하는 과정 자체가 사회에 실질적으로 영향을 미친다고 주장했다. 정신질환자를 인도적으로 '치료'하기 위해서는 라벨링 및 분류 과정에 더 많은 지식이 필요하고, 특히 치료 형태에 더 나은 데이터 수집이 필요했다. 이를 위해 환자는 실험적인 치료를 받고, 신체적·화학적·심리적으로 통제를 받는다.

교도소 – 징계및처벌

지식 및 권력과 감시 사이의 관계는 푸코의 현대 교도소 분석에서 더욱 진전을 이룬다. 푸코는 중세 유럽의 교도소에서 분석을 시작했다. 중세 시기의 처벌은 공개적이었고 대중의 범죄 억제를 위해 극단적이고 폭력적이었다. 19세기 주립 교도소가 생기면서 처벌은 조금 덜 폭력적이고 점차 비공개로 이뤄졌다.

각 죄수에 대한 세부사항은 기록해서 보관했고, 범죄를 저지른 동기는 현대 교도소의 수감 목적이 되었다. 여기서 '범죄학'이라는 과학이 탄생했다. 범죄학은 범죄의 분류와 구분을 위한 본보기를 제공했고, 범죄자와 법을 준수하는 일반 시민에 대해 정의했다. 범죄자를 교정하는 목적은 범죄자를 다시금 정상인으로 복귀하게 만드는 것이었다.

현대 교도소에서 죄수를 통제하고 순종하게 만드는 것은 무엇일까? 푸코는 이를 '감시의 힘'이라고 지적한다. 이는 개인의 행동을 스스로 규제하게 만든다. 푸코는 영국의 철학자 제레미 벤담 Jeremy Bentham, 1748~1832 이 확립한 개념 '원형 교도소'를 언급한다. 원형 교도소는 수감자들이 감시당하는지도 모른 채, 수많은 수감자들이 서로가 서로를 감시할 수 있다는 개념이다. 수감자들은 자신이 관찰된다고 인지하는 한 올바르게 행동할 것이라는 논리였다. 즉 자신의 행동을 스스로 규제할 수 있다는 것이다. 원형 교도소는 '간수'라는 물리적인 존재 없이도 통제력을 발휘하는 만능의 안경이었다.

이러한 감시와 통제 과정이 처음으로 정신병원과 교도소를 통해 완성되었다. 푸코는 이 두 가지가 외부로 확장되어 실질적으로 현대사회의 거의 모든 측면을 지배하고 있다고 주장했다. 푸코는 이런 의미에서 합리화와 비인간화가 촉진되고, 관료적 시스템과 제도들로 작동하는 현대사회를 우려했다.

명백한 세 가지 감시 전략으로 구별, 가시성, 정보 수집을 들 수 있다. 이러한 전략은 원형 교도소와 같은 감시사회를 확립하기 위해, 더 많은 제도로 확장되어 현대사회에서도 계속 발전하고 있다. 다시 말해 의사나 세무공무원, 기업, 교육자에서 페이스북, 구글, 휴대전화 회사와 같은 빅데이터 기업에 이르기까지, 다양한 형태의 전문 지식 보유자들을 위한 다양한 형태의 지식들이 창출되고 있다.

17

감시사회

- 데이비드 라이언

데이비드 라이언 David Lyon, 1948~ 은 자신이 말하는 현대사회에서 '감시사회'의 확장에 대해 더욱 심도 있게 탐구한다. 사회제도는 개인이나 집단, 심지어 전체 인구에 대해 점점 더 복잡한 형태의 전자정보를 수집하고 활용한다. 빅데이터는 일상생활의 사실상 모든 측면을 감시하고 제어하기 위해 수집되는데, 지속적인 수집과 업데이트가 필요하다.

국가는 빅데이터의 주요 수집가로서, 국민의 건강과 안전을 위해 정보가 필요하다고 주장할 수 있다.

그러나 라이언은 이러한 정보수집이 민주주의의 역설을 초래한다는 점에 주목한다. '자유'를 보호하기 위해, 국가는 자유를 파괴하려고 위협하는 또 다른 우리에 대해 자료를 수집한다. 국가는 종종 범죄와 테러리즘을 막는다며 아무도 모르는 사이에 우리를 감시한다.

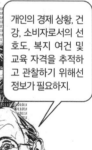

개인의 경제 상황, 건강, 소비자로서의 선호도, 복지 여건 및 교육 자격을 추적하고 관찰하기 위해선 정보가 필요하지.

• 데이비드 라이언

국가를 넘나드는 조직들은 감시사회에서 매우 중요하다. 기업들은 더 많은 상품을 팔기 위해 우리의 구매 선택과 관련된 정보가 필요하다.

우리에 대한 정보는 수집되어 관련 조직에 판매되기도 한다. 라이언은 이제 정보 교환이 정부와 기업 사이의 경계마저 허문다고 지적한다. 경찰과 보안 서비스는 휴대전화 기록과 인터넷 검색 등, 기업으로부터 구입한 정보를 활용된다. 19세기 교도소에 수감된 죄수들처럼 감시자를 직접 알지 못한 채로 감시당하고 있는 것이다.

소셜미디어가 생산해내는 것들, 심지어 우리의 '좋아요'나 '즐겨찾기'조차도 기업은 추적 관찰하고 면밀히 조사하지. 그리하여 소비자의 선호도에 맞게 상품을 조정해.

일상생활에서, 특히 명백한 감시 사례로 폐쇄회로 카메라의 급증을 들 수 있다. 이러한 감시는 범죄를 줄이고, 대중을 보호하고, 절도나 공공기물 파손을 예방할 수 있다고 믿는다.

이 같은 공식적인 이야기가 사실처럼 들리는가?

사회학자들은 CCTV 영상을 감시하는 직업을 가진 사람들을 대상으로 연구조사를 실시했다. 감시자들을 관찰한 결과, 영상을 기반으로 체포된 사람들의 기소가 성공적이지 않았다.

카메라의 방향은 객관적이고 중립적이라기보다는 운영자의 편견이 반영되어, 주로 청소년이나 소수민족, 주정뱅이, 노숙자들이 표적이 되고 있었다. 감시는 범죄를 억제하기보다는 범죄를 다른 곳으로 옮길 뿐이었다. 이는 범죄가 특정 집단에서만 일어나는 것이 아니라 사회 전반에 걸쳐 발생한다는 사실을 모호하게 만든다.

실패한 소비자

사회학자들은 감시의 증가가 유해한 영향을 일으킨다고 본다. 지그문트 바우만은 '성공한' 소비자와 '실패한' 소비자를 구분하며, 우리 소비 문화에서 CCTV의 결과를 살펴본다.

성공한 소비자는 사치품을 살 여유가 있는 반면, 실패한 소비자는 살 수 없는 사람들이다. 하지만 소비 문화는 모든 사람이 평등하게 소비에 참여할 수 있느냐와 상관없이 모든 사회 계층의 열망을 자극한다. 소비재에 대한 좀도둑질은 상품을 얻고자 열망하는 사회적 압력의 결과이다. 그러나 바우만은 CCTV로 감시하는 목적이 단지 실패한 소비자들의 좀도둑질을 통제하기 위한 것만이 아니라고 주장한다. 가난한 사람들이 쇼핑몰이나 번화가와 같은 공공장소를 달갑지 않게 해 가난한 사람들을 정화하려는 목적도 있었다.

18

현대사회의 사회계층과 교육

- 피에르 부르디외

현대사회학 사상의 또 다른 주요 인물은, 미셸 푸코의 프랑스 동료인 피에르 부르디외 Pierre Bourdieu, 1930~2002 다. 이 책의 첫머리에 부르디외에 대해 간략히 소개했다. 우리가 부르디외를 주목해야 하는 이유는 부르디외의 연구가 주로 사회적 불평등을 정당화하는 미묘한 형태의 '지배'를 폭로하기 때문이다.

부르디외는 원래 알제리에서 군복무를 했다 1950년~1960년대 . 제대 후에는 알제리에 머물면서 북아프리카의 베르베르인 *나일 계곡 서쪽 북아 프리카 원주민 집단에 머물며, 이들의 사회구조 및 지배와 관련된 문제를 연구했다. 이 연구로 그는 선도적인 학자이자 가장 저명한 현대 사회학자로 자리매김한다.

• 피에르 부르디외

부르디외의 연구 의제는 현대 서구사회의 사회계층에 대한 복잡한 사회학 분석을 제공해, 사회계층을 이해하는 데 매우 중요한 기여를 했다. 그는 특히 공적 국가 교육제도에 관심이 있었다. 즉 국가의 공적 교육제도가 부를 위해서라기보다는, 근면과 타고난 재능에 대한 보상의 의미를 가져야 한다고 주장했다. 그럼에도 불구하고 부르디외의 연구는 교육이 지배 집단의 권력과 특권의 재생산에 필수적이라는 점도 증명했다. 즉 교육은 사회적 불평등을 지속하거나 또는 지지하는 시스템의 핵심이다.

내가 하는 일은 교육과 문화가 단순한 취미나 사소한 영향이 아님을 보여주지. 교육과 문화는 집단과 사회계급 사이의 차이를 확인하고, 그 차이를 재생산하는 데 매우 중요하지.

문화적 자본

교육은 보편성과 실력주의에 기반한다. 현대 국가의 영속이 광범위한 복지에서 비롯된다는 것은 근거 없는 믿음이다. 부르디외가 분석한 교육의 핵심은 비경제적인 자원을 설명하기 위한 '문화적 자본'이라는 개념이다. 이 문화적 자본은 계층 이동을 허용하는 지식과 기술을 포함한다. 다른 자원들과 마찬가지로 문화적 자본 역시, 교육 자격을 포함한 일정 조건 하에서 경제적 형태로 전환될 수 있다.

내재화된 자본

부르디외는 세 가지 연결형 문화적 자본인 '내재화', '대상화', '제도화'에 대해 윤곽을 그렸다. '내재화된 자본'이란 문화적 자본을 획득하고 육성하는 방법이다. 그는 '내재화된 자본'을 보디빌딩에 비유했다. 우리는 근육_{문화적 자본} 이 자아의 자연스러운 특징으로, 자신의 모습에 없어서는 안 될 부분인 것처럼 보이게 하려고 노력한다.

동시에 내재화된 대부분의 문화적 자본은 부모나 우리가 속한 사회집단의 규범과 가치관을 체득해 발생한다. 다시 말해 우리는 이 문화적 자본을 얻기 위해 사회화되고, 결국 개인이 습관으로 자리를 잡도록 학습 과정을 거친다. 또한 우리는 내재화된 자본을 얻기 위해, 자격요건을 갖출 수 있는 문학이나 예술과 같은 문화재를 사용한다.

'대상화된 자본'은 글이나 그림과 같은 물리적 형태의 문화로, 더 높은 사회적 지위를 표시하는 데 사용된다. '제도화된 자본'은 개인이 경제적·사회적 이익을 위해 문화적 자본을 이용할 수 있는 공식 문서 및 인가_{학업자격등}를 말한다.

이 모든 형태의 문화적 자본은 교육제도 안에 있는 학생들과 고용된 근로자들의 성공에 기여하는 자원이다. 지배 집단은 학교나 대학에 자신의 힘과 관심사를 반영해 우수성의 기준을 설정한다. 따라서 학생의 시험 성공 여부는 지배 집단에게 필요한 문화적 자본을 보유했느냐에 달려 있다. 태어날 때부터 지배 문화의 문화적 자본을 획득한 지배 계층의 학생들은 시험에 항상 유리할 것이다.

일부 노동자 계급의 자녀들이 문화적 자본이 부족해도 성공한다는 사실은, 보편적 교육의 실력주의적 성격을 확인시켜준다. 이렇듯 문화적 자본은 교육제도에 견고하게 구축된 불평등을 모호하게 가려주는 역할을 한다.

취향과 우월성

부르디외의 또 다른 영향력 있는 연구에서 중산층이 계급 차이를 정당화하기 위해 자신들의 미적 취향을 어떻게 전개하는지 조사했다. 이들의 문화적 선호도는 하위 집단에 대한 판단 기준으로 사용되었다. 중산층은 취향을 행사해 자신의 권력과 명망을 검증한다. 동시에 다른 사회 집단의 취향을 열등한 것으로 치부하고, 사회에서 이들을 종속적인 위치에 머물게 만든다. 부르디외에 따르면, 문화를 소비하는 행위는 계급의 우월성을 유지하는 데 매우 중요하다. 우리가 무엇을 생산하느냐_{우리의 직업} 에 따라 계급이 정해지는 것으로 보이지만, 우리가 무엇을 소비하느냐가 계급 차이를 더욱더 공고하게 한다.

예술을 정의하고, 그것을 통해 살아 있는 예술은 계급 사이의 투쟁의 대상이지.

투스카니에 있는 멋진 요가 휴양지에서 막 돌아온 참이야. 끝내주더라구.

클래식 음악, 추상 미술, 모더니즘 문학 고급예술이라 불리는 것 은 모두 중산층이 노동자 계급에 대한 우월성과 대량생산된 문화 종종 저급예술로 정의된 를 구별하기 위해 사용하는 문화적 자본의 일부이다.

그러나 부르디외는 거기에 한정하지 않고, 실질적으로 모든 형태의 문화가 사회적 경계를 만들 수 있다고 지적한다. 인스턴트커피보다 저카페인 카페라떼를 선호한다면, 이 역시 사회계급의 우월성을 나타낼 수 있다. 중요한 것은 이들 문화상품의 본질적인 특성이 아니다. 우리가 이 상품들에 부여한 사회적 가치이다.

취향이란 의류나 가구, 여가활동, 저녁식사 메뉴, 심지어 조깅이나 전용 체육관에 다녀 얻게 된 날씬하고 건강한 몸매에 이르기까지, 문화적 자본에 대한 다양한 선호도를 나타낸다. 이것들은 사회집단 간의 차이를 구별하는 데 사용된다.

사회계급

칼 마르크스 이후, 계급에 관한 분석은 사회학 연구의 중추적인 역할을 해왔다. 사회학자들은 계급을 현대사회가 유지되고 분열하는 1차적 구조로 본다. 따라서 현대사회의 계급을 사회학적으로 접근하는 데 부르디외의 연구는 특히 중요하다.

계급에 대한 전통적인 사회 기준은 직업이나 고용 상태에 따라 사람들을 각각의 사회계급에 배치해왔다. 개인의 지위는 특정 계급 안에서 '노동계약'에 따라 고용되어 정규직에 종사하는지, 아니면 비정규직에 종사하는지에 따라 결정된다. 또는 '서비스 계약'으로 고용되어 전문직에 종사하는지, 아니면 관리직에 종사하는지에 따라 달라진다.

그러나 많은 사회학자들은 이러한 전통적인 평가 기준에 의문을 제기해왔다. 다시 말해 한 계급에 대한 평가 기준이 계급의 수준을 유지하는 데 필요한 사회적·문화적 요인들을 반영하지 못하고 있기 때문이다.

만약 우리가 계층의 개념 정리를 위해, 부르디외의 평가 기준을 이용한다면, 사회구조 안에서 우리의 위치에 대해 무엇을 발견할 수 있을까?

지금까지 부르디외가 주장한 다양한 종류의 문화적 자본에 대해 설명했다. 그러나 부르디외는 계급을 완전히 이해하려면 방정식에 '자본'의 형태를 추가해야 한다고 주장한다. 다시 말해 한 사람의 계급은 그들이 얻을 수 있는 문화적·경제적·사회적 자본의 양에 따라 결정된다는 것이다. 한 사람이 축적할 수 있는 자본 자원이 많을수록 더 높은 계급을 형성할 가능성이 높다. 경제적 자본은 부와 소득에 바탕을 두는 반면, 사회적 자본은 그 사람이 위치한 사회 인맥에 기반을 두고 있다.

나는 지금 꽤 낮은 경제적 자본을 갖고 있지만, 내 인맥은 내가 사회적 자본이 풍부하다는 걸 의미하지.

부르디외가 말하는 세 가지 형태의 자본은 사회계급을 식별하는 데 좋은 모델이 된다. 그래서 사회학자들은 부르디외의 모델을 적용하여 21세기 영국에서 7개의 특정 계층을 확인할 수 있었다. 최정상에는 기존의 중산층과 신흥노동자 부유층에서 분리된 부유한 엘리트가 있다. 그 아래에는 콜센터 직원과 같은 서비스 노동자, 자본 수준이 낮고 불안정한 '비정규직'에 종사하는 노령화된 노동계급이 있었다.

계층1: 엘리트

나는 '엘리트'이고 홍보이사야. 케임브리지대학을 나왔거든. 높은 수입과 상당한 저축이 있으며, 고상한 문화적 자본을 아주 많이 갖고 있지.

계층2: 기존의 중산층
계층3: 기술 중산층
계층4: 신흥노동자 부유층
계층5: 전통 노동자층
계층6: 임시 서비스 근로자

계층7: 비정규직

나는 '비정규직'이고 우편배달부야. 나는 대학을 나오지 않았어. 낮은 수입과 아주 적은 저축을 가지고 있고 대출도 받아야 해. 나는 모든 자본에 대해 약간의 지분만 갖고 있을 뿐이야.

19 포스트모더니즘

- 장 프랑수아 리오타르

푸코의 연구에서 알 수 있듯이 사회적 진보가 항상 긍정적인 목적을 갖는 건 아니다. 푸코는 지식의 배양은 민주주의 발전과 자유를 약화시킬 수 있다고 언급했다. 콩트가 예상한 것처럼 과학과 기술의 진보는 유토피아를 가져오기보다는, 핵 확산이나 환경 파괴의 위협으로 이어졌다. 결과적으로 현대사회는 진보 사상에 대한 믿음이 부족했다.

1970년대 이후 일부 사회학자들은 사회학이 진보와 진보의 개념에 기여한다는 정당성에 의문을 제기했다. 이러한 우려는 '포스트모더니즘'에 대한 지적으로 간주된다. 즉 근대성과 진보를 강조했지만, 동시에 파괴적인 단절이 있었다고 생각했다.

진보에 따른 포스트모던의 파열은 과학과 기술, 정치, 사회적 변혁에 대한 폭넓은 믿음의 부족으로 인해 발생한다. 장 프랑수아 리오타르 Jean-François Lyotard 1924~98 는 '거대담론'의 말기 증상으로 나타난 것이 '포스트모던 상태'라고 정의했다.

　거대담론이란 총체화하고 보편화할 수 있는 주장이나 이론을 말한다. 이는 역사와 사회를 설명할 때 보편적 진리에 근거하는 매우 뛰어난 서술 방식이다. 하나의 거대담론은 역사가 어떤 보편적 종말점에 도달하기까지 내부 논리가 주도해 나간다는 생각이다. 마르크스주의자는 역사의 진보가 세계를 공산주의로 이끌 것이라고 주장했다. 자유시장 민주주의가 역사의 필연적인 종착점이라는 생각이 그렇듯 말이다.

• 장 프랑수아 리오타르

리오타르는 우리 사회가 거대담론에 불신을 갖고 있다고 주장한다. 다시 말해 진보를 말하는 정치적 이념이나 과학적 주장을 경계하려는 경향이 있다는 것이다. 우리는 거대담론이 균질화되거나 침묵하는 것을 두려워하고, 자신에게 맞지 않는 삶의 방식이나 개인, 집단을 배제하면서, 심지어 폭력적인 행동까지도 서슴지 않는다. 그러나 여전히 현대과학과 기술의 역할에 깊은 회의를 갖고 있다.

정보 형태로써 지식은 정부가 사회문제를 해결하기 위한 장치라기보다, 사회통제를 위한 수단으로 사용된다. 그래서 리오타르는 지식이 '전문 분야'와 '합법화'라는 두 가지 형태를 통해 재생산되어 사용된다고 주장한다. '전문 분야'는 정보나 지식을 수집할 능력이나 위치에 있는 사람들이 그것의 의미를 조작하거나 통제할 수 있다. '합법화'란 정부나 권위 집단, 또는 권력을 가진 세력이 교체되면서 지식이 결정되는 것을 말한다.

포스트모더니즘은 현대성과 사회 변화를 이해하려는 열망에서 비롯된 사회학에 시사하는 바가 크다. 우리가 살펴본 것처럼 많은 사회학자들은 사회 이론이나 분석이 사회를 설명해주는 도구가 아니라고 주장한다.

오귀스트 콩트에게 사회학은 역사를 지배하는 방법이나 원리를 규명해, 사회가 미래로 어떻게 나아가는지 그 진로를 예측하는 것이었다. 이것이 바로 사회 발전에 역사적 법칙이 있다는 사상, '역사주의'이다. 역사에는 필요한 방향과 종착점이 있다. 그래서 콩트의 사회학은 진보를 통해 사회를 개혁하고 개선하는 데 도움이 되는 사회공학을 궁극적인 목표로 삼는다.

그런데 포스트모더니즘은 사회학이 진보, 개혁과 관련된 과학 이라는 사회학적 주장에 의문을 제기한다. 이 관점은 우리가 법을 식별할 수 있을 만큼 사회에 대한 충분한 지식을 가질 수도 없고, 시간이 흐르면서 인간의 지식은 변한다는 것이다. 또 사회학자들조 차도 개인의 정치적·문화적 편견을 완전히 제거할 순 없다.

제3장

젠더와 인종의
사회학

사회학의 목적은 사회적으로 생성되는 불평등과 분열을 극복하기 위한 것이다. 1970년대 이후부터는 젠더에 관한 분석이 사회학의 주요 목표가 되었다. 오늘날 여성은 젠더 영역뿐 아니라 다양한 사회학 분야의 연구를 이끌어가고 있다.

사회학과 젠더

- 앤 오클리

지금까지 이 책에서는 여성 사회학자들의 목소리와 젠더에 대한 사회학적 분석이 없었다. 젠더에 대한 이러한 간극은 학문의 형성과 초기 발전이 주로 남성들에 의해 이루어졌음을 보여준다. 사회학의 목적은 사회적으로 생성되는 불평등과 분열을 극복하기 위한 것이다. 이 때문에 여성과 젠더는 연구의 중심에 있지 않았다는 점에 주목할 필요가 있다. 다만 1970년대 이후부터는 젠더에 관한 분석이 사회학의 주요 목표가 되었고, 지금은 상황이 매우 달라졌다. 오늘날 여성은 젠더 영역뿐 아니라 다양한 사회학 분야의 연구를 이끌어가고 있다.

생물학적 구성인가, 사회학적 구성인가.

남성과 여성의 차이는 우리의 본성, 유전자, 또는 우리가 살고 있는 사회의 결과일까? 사회학자들은 성의 차이가 사회적으로 구성된다고 주장한다. 다시 말해 우리의 성 정체성은 단순히 생물학적으로 성별이 다른 것뿐 아니라, 성의 역할을 적극적으로 재생산한다. 또한 생물학적 결정론, 다시 말해 성 불평등이 호르몬이나 신체적 차이와 같이 타고난 생물학적 특성에 의해 야기된다는 본질주의 관점을 반박한다. 이 본질주의가 남녀 간의 구조적 불평등을 정당화하기 때문이다.

여성들은 간호사, 보모, 교사가 되어야 해. 이 직업들은 여성들의 타고난 보호 감정을 반영하지.

이 직업들이 '비즈니스 관리자'와 같은 '남성의 직업'보다 보수를 덜 받는다는 것이 우습지 않은가? 여성의 직업 선택이 자연적인 능력에 따라 제한되어야 한다는 말은 이제 그만둬야 해.

사회학자들은 '성 Sex'과 '젠더 Gender'를 구별한다. 페미니스트 사회학자인 앤 오클리 Ann Oakley, 1944 는 '성 Sex'은 남자 예: 염색체, 성호르몬, 생식 해부학 와 여자를 구별하기 위한 생물학적 특징을 가리키지만, 생물학은 여자와 남자의 사회적 역할에 대해서는 설명하지 않는다고 말한다.

그리고 '젠더 Gender'란 자신이 살고 있는 사회에서 남녀에게 부여되는 자질 예: 여성이 남성보다 타고난 배려심이 있다는 생각 을 말한다. 따라서 성별에 대한 사회구조가 비록 고정된 형태로 존재한다 해도, 성별 정체성은 없다. 사회 유형이나 그 안에 살고 있는 개인의 위치에 따라 얼마든지 다른 형태의 성별 정체성이 형성될 수 있다.

젠더는 개별적인 본질이라기보다는 역사에 걸쳐 변화하고, 경제적인 조건, 지리적 이동성 및 가족 구조의 변화에 따라 달라진다.

• 시몬드 보부아르

여자는 태어나는 게 아니라 만들어지는 거야.

사회학자들은 성별의 사회적 구성은 태어나서 두 성별 중 하나가 되는 순간부터 삶의 모든 단계에서 발생한다고 주장한다. 그 후 우리는 자신의 성 정체성이 정상이고, 사물을 있는 방식대로 생각하도록 사회화된다. 탈코트 파슨스 Talcott Parsons, 1902~1979 는 사회화가 특정 성 역할을 받아들이도록 유도한다며, 여성들은 특별히 여성적인 속성을, 남성은 남성적인 속성을 채택한다고 주장했다.

우리는 주어진 성 역할을 신속히 내재화하여 대대로 전달한다. 주어진 성 역할에 따르지 않는 개인은 사회적 '일탈자'가 되고, 이런 분류는 험담에서 집단 따돌림에 이르기까지 다양한 폭력으로 나타난다.

파슨스는 구조적 기능주의자였다. 그는 사회가 안정적으로 기능하는 데 성별이 큰 역할을 하는 것으로 보았다. 물론 성별에 따른 역할이 사회에 좋은 것이라고 주장하지는 않았다. 그러나 사회의 균형을 유지하는 데 결정적이라는 사실을 확인했다. 전통적으로 남성과 여성을 위한 고용의 형태가 달랐고 성별에 따른 고용의 영역이 세분화되었기 때문에, 성별에 따른 분업은 노동의 분업을 뒷받침했다.

구성주의 관점에서 성별은 단순히 사회화를 통해 주어진 역할에만 그치지 않는다고 주장한다. 대신에 구성주의자들은 우리가 스스로 성 정체성을 적극적으로 재구성할 수 있고, 심지어 성 역할을 수행할 수 있다고 지적한다. 남성이나 여성이 되는 방법은 여러 가지 방법이 있지만, 계급이나 인종과 같은 사회적 요인과 상황에 따라 달라진다.

성별은 우리가 무엇을 가졌느냐가 아니라, 우리가 무엇을 하느냐이다.

그리고 우리는 직장에서의 성 역할을 친구 사이에서 하는 방식과 다르게 할 수 있어.

우리는 이미 다른 사람들과 상호작용하면서 사회적 역할을 수행한다는 사회학 사상을 살펴보았다. 어빙 고프만은 이를 '상호작용 질서'라고 불렀다. 우리의 자아 감각은 상호작용이 이뤄지고, 다른 사람이 그 행위가 타당하다고 받아들일 때 비로소 '실재'하게 된다. 고프만은 사회적 관행이 자연스럽게 성차별을 낳긴 하지만, 그렇다고 많이 드러내는 것은 아니라고 주장한다. 성기를 성의 '생물학적' 표식으로 이해하는 것은 사회적 구별을 위한 강화된 형태의 의미일 뿐, 사회적 상호작용을 하기 전까지는 그다지 중요하지 않다.

젠더에 대한 감각은 일상에서 만들어진다. 다시 말해 젠더가 '무엇'이고 '의미'는 무엇인지는 이해를 공유하는 공동체 사람들과 상호작용하면서 형성된다.

성별 정체성은 생물학적 진실을 표현한다기보다 '관리된다'는 표현에 가깝다.

젠더를 공연에 비유하는 것은 급진적인 페미니스트 학자인 주디스
버틀러 Judith Butler, 1956 에 의해 더욱 확장되었다. 성별에는 대본이 있
고 우리는 사회화란 과정을 통해 리허설을 해왔다.

　우리는 옷을 입고 걷고 말하고, 문화를 소비하는 방식으로 성 역
할을 연기하는 주연배우이다. 버틀러는 여성성에 대해 다소 과장되
고 정형화된 관점을 연기하는 남자 드래그퀸 여장 남자: 성 정체성이 일치하지 않
는 남자가 심리적 성에 부합하는 행위로 사람들을 즐겁게 해주는 것 을 찬미한다. 드래그퀸은
버틀러에게 성 정체성을 수행하는 모든 요소들을 보여준다.

그러나 일반적으로 성별을 수행해야 하는 것으로 보지 않기 때문에, 사회에 존재하는 성별의 정의가 남성과 여성 사이에서 어떻게 불평등을 만들어내는지 알지 못한다. 그래서 사회학자들이 처음 해야 할 일은 성별에 대한 본질적인 개념에 도전하는 것이다. 성별이 어떻게 구축되고 수행할 역할이 무엇인지 드러내면, 사회에서 여성들이 경험하는 불이익의 구조를 다룰 수 있다.

성별을 바라보는 근본적인 관점은 역사적인 기반을 두고 있는데, 여기에 의존해 계속 주제가 만들어지고 있다. 여기서 버틀러는 무엇이 진짜이고 무엇이 모사품인지 의문을 제기하는 성별의 수행에 우리의 관심을 끌어들인다.

성전환자의 성은 누구 못지않게 현실적이고, 사회적 기대에 부합하는 역할을 수행하고 있어. 만약 성의 '실체'가 행위로 인해서 구축된다면, 성전환자의 성 행위 또한 본질적이지 않다거나 성이나 젠더를 실현하지 못할 건 없어.

• 주디스 버틀러

패권적 남성성

- 래원 코넬

세상 모든 사회는 성별로 구분되며, 남녀 사이에 부와 권력, 특권은 명백하게 불균등하게 배분된다. 성별은 단지 사회적 구성의 차이에만 국한된 것이 아니라, 여성에 대한 남성의 착취와 불평등, 지배와 관련이 있다. 그리고 이것은 가부장제로 알려진 사회조직의 한 형태로 유지된다.

젠더를 연구하는 사회학자들의 핵심 쟁점은 가부장제가 작동하는 구체적인 방식을 보여주는 것이다. 예를 들어 가부장제는 남자는 자동으로 가정의 생계를 책임져야 하고, 여자는 가정주부여야 한다는 가정과 같이 분명한 방법으로 나타낼 수 있다. 그러나 상황은 더 다양하고 복잡하다.

화장을 하고 다이어트를 하는 단순한 행동마저 성차별이고, 여성을 사회적으로 종속시키는 데 일조할까?

결혼제도, 혹은 아이를 갖는 것이 불평등을 지속시키는 것은 아닐까?

가부장제의 운영을 완전히 이해하려면 남성이 사회에서 어떻게 권력을 유지하는지 분석이 필요하다. 사회학자들은 특정 사회에서 남성성이 형성되는 방식에 주목했다. 호주의 사회학자 래윈 코넬 Raewyn Connell, 1944 은 가부장제를 지지하는 특정 형태의 남성 정체성의 구조를 설명하기 위해 '패권적 남성성 Hegemonic Masculinity'이라는 용어를 만들어냈다. 패권적 남성성은 문화적으로 이상화된 남성적 성격을 갖고, 지배와 억압의 구조를 유지한다. 이런 사회에서는 모든 남성들이 그들 스스로를 지지하는 역할을 한다.

코넬은 패권적 남성성의 다양한 형태를 파악하고, 이것이 어떻게 사회구조를 지탱하는지 밝히는 일이 사회학자의 역할이라고 주장한다.

가부장제와 패권적 남성성은 합법적으로 성불평등을 초래할 수 있다. 그렇다고 모든 남성에게 동등하게 그 혜택이 돌아가는 것은 아니다. 분명 패권주의적 남성성으로 더 유리한 남자들이 있다. 이들이 구축한 남성성은 경제적·문화적·사회적 자산에 기여를 한다.

사회계급이 더 높은 남성이나 다수민족인 남성은, 사회계층이 낮은 사람이나 소수민족인 사람들보다 가부장제의 혜택을 더 많이 받는다. 같은 건물에서 일하는 백인 중산층 사무실 관리자는, 소수민족이나 이주민 청소부보다 더 큰 특전을 누릴 것이다.

남성성의 변화

20세기 후반과 21세기 초반의 광범위한 변화는 산업사회의 여성과 가족의 전통적인 역할에 큰 영향을 미쳤다. 이는 남성성의 역할에 중요한 문제를 제기했다.

서구사회에서는 남자보다 여자가 대학에 더 많이 다니는 경우도 종종 있었다. 성별에 따라 분명한 노동 분업보다는 남녀가 같은 직업을 두고 경쟁하기도 한다. 이러한 상황은 남자들도 몸과 외모를 가꾸라고 요구했고, 한때 직장에서 여성들에게 기대하던 방식으로 남자들에게도 감정 노동력을 사용하도록 요구하고 있다. 여성은 남성이 가정의 주요 소득원이고 주도자라는 규범을 성공적으로 뒤집었다.

위기의 남성성

코넬은 패권적 남성성이 남자의 이상적인 정체성이라고 주장하는데, 합리적으로 봤을 때 이는 극소수의 남자들만이 감당할 수 있다. 이를 활용할 수 있는 사람은 코넬이 말하는 '가부장적 배당금'이라 부르는 혜택을 통해 사회에서 초월적인 지위를 얻게 된다.

이런 이상에 부응하지 못하는 사람은 어떻게 될까? 전통 남성의 역할이 위협을 받고 있는 만큼 '남성성의 위기'가 찾아올 수밖에 없다. 일부 사회학자들은 서구사회의 남성들이 우울증을 겪을 가능성이 더 높고, 심지어 지위 상실로 인해 자살충동까지 느낀다고 주장한다.

동성애적 남성성

코넬은 패권적 남성성 아래에 다수의 종속적인 남성성과 여성성이 계단식으로 배열되어 있다고 주장한다. 이러한 하위 형태 중에는 동성애적 남성성도 자리하고 있다. 패권적 남성성이 남성다움의 구현으로 간주된다면, 성별이 정해진 사회에서 게이 남성은 그 반대로 여겨진다. 코넬은 동성애자가 열등하다고 주장하지는 않지만, 동성애는 오명을 뒤집어쓴 정체성이며 남성의 성 계층에서 최하위 서열이라고 주장한다.

패권적 남성성은 동성애 혐오증과 같은 동성애 남성들에 대한 증오로 정당화되고 일관된 이성애 정체성의 형태를 지지하지만, '정상적인' 남성의 정체성으로 보이지는 않아.

23 인종차별과 사회학

- W. E. B. 두 보이스

인종과 민족에 대한 사회학 연구는 학문 자체만큼이나 오래되었다. 여기에는 아프리카계 미국인 사회학자이자 사회개혁가, 인권운동가 두 보이스 W.E.B. Du Bois, 1868~1963 의 공헌이 크다.

그는 하버드에서 사회학을 공부했고, 그곳에서 박사학위를 받은 최초의 아프리카계 미국인이었다. 미국 흑인 사회 연구에서 인종차별과 사회학 연구에 통계와 그래프를 사용해 큰 공헌을 했다. 또한 필라델피아 아프리카계 미국인 지역 연구에서, 인터뷰와 개인적인 관찰, 문서를 통해 흑인 공동체의 삶을 기록으로 남겼다.

난 인종차별적인 사회를 변화시킬 공공사회학을 만드는 것이 목표야.

• W.E.B. 두 보이스

초기에 두 보이스는 미국 필라델피아에 있는 흑인 '슬럼' 공동체에 관해 연구를 시작했다. 그는 이러한 공동체를 하나의 사회체계로 연구해 인종차별이 사회와 경제 구조의 일부로 어떻게 기능하는지 체계적으로 탐구한 최초의 사회학자였다. 인종차별주의는 흑인이 백인보다 열등하다는 철학적 관점에서 비롯된 것만이 아니다. 흑인에 대한 편견과 차별의 목적은 자본가들이 착취할 값싼 노동력의 창출이었다.

20세기의 문제는 흑인 차별과 관련한 사회적 분리의 문제라고 할 수 있지.

그는 《1860~1880년 미국에서 흑인의 재현》[1935] 에서, 인종에 대해 마르크스적 분석을 적용했다. 초기 저술에서 그는 자비로운 백인 지도자들과 사업가들이 사회개혁을 위해 인종차별을 종식시켜 주길 희망했다. 그러나 결국 이들이 인종적으로 분열된 사회에서 번창했기 때문에, 인종 문제를 해결할 이유가 없다고 결론지었다.

인간의 해방은 노동의 해방이며, 노동의 해방은 황색, 갈색, 흑색인 노동자의 대다수가 해방되는 것이지.

이중 의식

두 보이스는 특히 아프리카계 미국인들이 일상생활에서 인종차별을 어떻게 경험하고 받아들이는지에 관심이 많았다. 당시 미국 사회는 인종차별을 행하면서 동시에 평등과 공정성에 대해 자부심을 갖고 있었다. 그는 이러한 미국식 체계를 관통해서 흑인들이 차별과 편견을 어떻게 내면화하는지 설명하기 위해 '이중 의식'이라는 용어를 만들었다. 흑인 사회 문화와 구성원 개인의 심리는 인종차별주의자인 미국 백인의 눈을 통해 자신을 바라보는 것에 바탕을 두고 있었다. 이중 의식은 흑인들이 인종적 정체성을 유지하면서 미국사회에 통합되려고 노력한 결과이다.

24

사회학과 인종주의

- 폴 길로이

인종과 민족에 대한 사회학 연구의 핵심 분야 중 하나는 '이주'다. 미국은 이민자들에 의해 건설된 나라로 유명해졌고, 서유럽의 많은 지역이 제2차 세계대전이 끝난 후 이주 사회로 변모해왔다. 이주는 비자발적일 수 있지만 전쟁 지역을 탈출하는 난민과 같이, 사회학자들은 본국의 생활 조건에 대한 불만과 부유한 지역에서 더 나은 삶을 살고 싶은 희망을 갖고 자발적으로 이주하는 복잡한 상황까지 탐구한다. 지역 정부는 노동력 부족을 해결하기 위해 이민자들을 끌어들이기도 했다. 세계적으로 2억 2천만 명 이상의 이주자가 있었다고 추정한다.

사회학자들은 제2차 세계대전 후, 유럽 이민자들에게 이뤄진 인종차별의 다양한 형태를 조사했다. 그 결과, 사회가 피부색이나 언어와 같이 인종적인 특징을 가진 집단으로 나뉘는 과정인 '인종화'를 발견할 수 있었다. '인종화'는 차별을 정당화하고 다수 집단의 힘을 정당화하기 위해 특정 소수집단을 열등한 집단으로 규정하는 데 자주 이용되었다.

'인종주의'는 사회학자들이 인종차별이라는 담론을 둘러싸고 형성된 사회제도와 불이익, 불평등을 설명하기 위해 사용하는 용어다. '제도적 인종주의'는 체계적으로 소수집단에 불이익을 가하는 공공기관을 말한다. 예를 들어, 영국이나 미국의 경찰은 소수민족을 대할 때 제도적으로 인종차별을 자행하고 있다는 비난을 받아왔다.

문화적 인종주의

이민과 인종학을 연구하는 사회학자들은 인종차별에 합법적으로 사용되던 언어가 1960년대부터 바뀌기 시작했다고 지적한다. 인종차별적 언어는 한때 백인이 비백인에 비해 정신적·지적으로 우월하다는 점이 강조되었지만, 이제는 문화적 정체성이 인종차별을 정당화하는 데 이용되고 있다.

사회학자 폴 길로이 Paul Gilroy, 1956 의 연구는 영국에서 아프리카계 카리브해 정착민들이 언론과 정치인들에 의해 어떻게 영국인과 양립할 수 없는 문화적 가치를 가진 것으로 이미지가 고착화되었는지 보여준다. 정착민 남자들은 1950년대에는 '포주'로, 1980년대에는 '노상강도'로 묘사되었다.

흑인 범죄에 초점을 맞추는 것은, 이주민들을 국가적인 단합과 안보에 위협이 되는 것처럼 보이게 하는 장치야. 이런 식으로 범죄를 '인종화'하고 '성별화'하지.

새로운 문화적 인종주의는 1970년대 말 영국의 정치 변화와 관련이 있다. 길로이는 당시 영국이 제국과 제조업 기반을 동시에 상실하면서, 장기적으로 정치·경제적 위기 국면에 진입했다고 지적했다. 이런 맥락에서 국가의 정치와 다수 인종은 새로운 문화적 차별을 자행한다. 이때 이민자 대표들은 흑인 범죄를 부각시키는 사회, 그에 따른 소외감에 큰 스트레스를 받고 있었다. 길로이와 다른 사회학자들은 '교육 및 치안 유지의 핵심 부분'들이 문화적 인종차별이라고 인식했다.

문화적 인종차별은 여러 나라에서 이민자들에게 적용되었다. 문화적 인종차별에서 해당국은 인종적으로 단일민족 사회로, 전통적인 삶의 방식은 통합을 거부하는 이민자들에 의해 위협을 받게 된다. 따라서 이민자들의 문화적 정체성은 국가 화합에 위협이 되고, 사회와 양립할 수 없는 것으로 간주했다. 또 문화적 인종차별은 문화적 정체성이 다른 사람들에 대한 뿌리 깊은 공포, 외국인 혐오증에 바탕을 둔다. 문화적인 위협으로 인식한 나머지 이민자들이 해당국 구성원들의 일자리를 빼앗았다는 비난까지 더해져 국가의 결속을 방해하는 위협으로 간주되었다.

25

이슬람 혐오

지난 수십 년 동안 새로운 이주민 집단이 형성되면서 영국과 다른 많은 유럽 국가들은 이주 형태를 변화시켜왔다. 그렇다면 문화적 인종차별 또한 당사국과 새로운 이주민들 사이의 관계를 반영해 변하고 있을까? 이 문제를 해결하기 위한 방법으로 일부 서구 국가에서 나타나는 이슬람 혐오 현상을 살펴봐야 한다고 사회학자들은 주장한다. 이슬람 혐오는 이슬람 이주민들의 정체성과 문화적 관행이 인권, 민주주의, 종교와 국가의 분리 등과 같은 서구의 핵심 가치에 위협이 된다는 두려움에 기초하고 있다.

이슬람이 우리의 가치와 우리가 지지하는 모든 것에 위협을 가하는 행위를 용납하지 않을 것이다!

사회학자들은 이슬람 혐오라는 담론을 정당화하기 위해, 이슬람 사회에서 여성의 인권 문제가 어떻게 이용되는지 탐구했다. 예를 들어, 일부 서구 신문들은 사하라 사막 이남의 일부 아프리카 출신 무슬림 집단이 여성의 권리를 침해하는 생식기 훼손 관행에 초점을 맞추고 있다. 또 일부 무슬림 여성들이 히잡을 쓰거나 부르카를 입는 것도, 선택의 자유를 허용하는 서구적 가치에 반하는 것으로 보았다. 사회학자들은 이러한 이슬람 혐오의 목적이, 소위 '진보적'이거나 '민주적'이라고 불리는 서구 국가들에서 무슬림 이주민들을 위험한 존재로 부각시키기 위한 것이라고 주장한다.

물론 우리는 무슬림들이 우리의 가치와 신념을 채택하는 한 이 나라에 온 것을 환영한다.

26 다문화주의

- 프란츠 보아스

사회학자들은 공공정책과 관련해서 이주민 집단의 인식 차이를 설명하기 위해 '문화'라는 단어를 사용한다. 특히 중요한 예로 다문화주의 정책을 다룬다. 다문화주의란 소수민족 집단이 당사국 사람들과 다른 문화적 정체성을 갖고 있다는 생각에 바탕을 두고 있다. 이러한 문화적 정체성은 당사국이 인정하고 수용해야 한다.

하지만 이 다문화주의는 이민자들에게 해당국 사회의 가치와 규범을 따르도록 하는 동화주의 정책에 반하는 것이다.

다문화주의는 어디에서 비롯된 것일까? 실제로 다문화주의는 인종차별을 종식시키기 위한 제도로 발전했다. 이 사상을 발전시킨 핵심 사상가로 독일계 미국인 인류학자 프란츠 보아스 Franz Boas, 1858~1942 가 있다.

보아스의 글은 인종을 계단식으로 분리하고, 명확한 물리적 및 생물학적 특성이 있다고 주장하는 과학적 인종차별주의와 반대된다. 보아스는 과학이 유럽 백인들을 다른 인종보다 높은 계단식 구조의 맨 위에 배치해 인종차별을 정당화하는 학문적 통로 역할을 했다고 주장한다.

문화 상대주의

보아스는 인종 사이엔 근본적인 차이가 없고, 인간 문명의 변화를 정의하는 데 '문화'가 더 중요하다고 말한다. 다시 말해 우리가 태어난 문화공동체 민족적, 종교적, 국가적 가 인간으로써 정체성을 갖고 사회와 관계를 형성하게 한다는 것이다.

　사람이 갖고 있는 기준과 가치는 그것이 유래한 문화와 깊은 관련이 있기 때문에, 문화를 비교한다거나 순위를 매기는 것은 불가능하다. 다양한 문화를 계단식으로 순위를 매길 수 없다는 전제가 바로 '문화 상대주의'이다. 문화 상대주의자들은 문화의 다양성을 존중해야 할 뿐 아니라, 사회구성 방식의 핵심으로 받아들여야 한다고 주장한다.

다문화주의자들은 인간은 문화적 정체성으로 집단구성원들과 묶여 있기 때문에, 다른 집단에게 자신들의 정체성을 인정받길 원한다고 주장한다. 하지만 서로 다른 집단의 문화 정체성을 인정하지 않거나 비하할 때 억압과 불의가 발생한다. 다문화주의는 소수민족의 특정한 문화적 정체성을 인식하라고 요구하는데, 이것이 더 관대한 사회를 만드는 데 기여하기 때문이다. 문화 정체성에는 종교적 관행, 언어, 음악, 예술이 포함된다.

국가 다문화주의는 신앙에 기반을 둔 학교를 수용하며, 소수민족들의 문화적 정체성으로 구성된 학교 커리큘럼, 공공 미디어, 심지어 공공 주거와 일자리 할당 측면과 같은 긍정적인 조치 사회적 배려도 포함한다.

다문화주의는 사회평등을 실현하기 위한 대표적인 대안이다.

'개인 통합주의적' 접근 방법은 우리 모두는 개인이므로 국가가 우리들 사이에 어떤 구별도 해서는 안 된다고 가정한다. 사회학자인 타릭 모두드 Tariq Modood, 1952 는 소수집단이 다문화를 수용하는 것은 집단의 사회적 현실을 받아들이는 것뿐 통합과는 다르다며, 이런 단순한 방식으로 소수집단의 문화적 정체성이 사라지게 해서는 안 된다고 주장한다.

- 개인 통합주의적 접근 방법

정의와 평등이란 모든 사람을 동등하게 대하는 것을 의미해.

나는 단순한 개인이 아니야. 내가 속한 집단은 다른 가치와 문화적 요구를 가지고 있지. 우리는 다른 집단과 똑같이 대우받을 수 없어.

- 다문화적 접근 방법

'동화'를 위해서는 이주민 집단이 당사국 주민들의 문화적 관행에 맞게 적응해야 하지만, '다문화주의'는 서로 조정해가는 것이다. 또한 다문화주의는 당사국 주민들과 이주민들 사이의 이해를 넓혀, 공유된 이해와 국가 정체성을 구축해나갈 수 있도록 하는 것이다.

효과적인 다문화주의는 성공적인 통합으로 이어지기 위한 양방향의 접근 방식을 수반해야 한다.

다문화주의 비판

일부 사회학자들은 다문화주의가 진보적이고, 인종차별 정치를 반대한다고 주장한다. 하지만 많은 사회학자들은 다문화주의가 실제로는 반대의 결과를 낳을 수도 있다고 우려한다. 캐넌 말릭 Kenan Malik, 1960 은 다문화주의가 사람들 스스로를 분리된 집단에 속하는 것으로 부추기고, 이러한 분리된 집단이 서로 교류하지 않아 나타나는 사회의 빈민화를 정당화한다고 주장한다.

또 바우만은 다양한 형태의 불평등과 차별을 극복하기 위해 모이는 사회집단의 가능성을 다문화주의가 제한한다고 주장한다. 그 결과 집단 사이의 분리를 정당화하고, 문화 간의 진정한 상호작용은 더욱 어려워진다.

• 캐넌 말릭

또한 다문화주의는 한때의 문화나 집단의 정체성을 동결시킨다
는 점에서 비판을 받는다. 다시 말해 동질적인 인종 집단이 시대를
초월해 실체적으로 존재한다는 '본질주의'를 촉진하기 때문이다.
그래서 일부 사회학자들은 다문화주의적 본질주의와 다른, 이문화
주의적 접근 방법을 권장한다.

　　이문화주의적 접근 방법은 단순하게 하나의 집단이나 다른 집
단에 속해 있는 순수한 문화 같은 것은 없다는 것을 받아들이는 것
이다. 이문화주의적 관점은 문화적 혼합과 혼종을 권장한다. 즉 사
회 모든 집단의 최고를 대표하는 새로운 무언가를 창조하기 위해
다양한 문화적 형태를 결합하는 것이다.

제4장

세계화와
사회학

사회학은 세계를 설명할 때 뛰어난 학문일 수 있다. 하지만 사회학이 정말로 세상을 변화시킬 수 있을까? 우리는 여전히 개인과 집단 사이의 명백한 불평등으로 점철된 세상에 살고 있다. 사회학은 사회의 양심이 되는 학문이어야 한다.

세계화와 시공간의 압축

- 데이비드 하비

세상은 점점 더 상호연결성
이 높은 방향으로 나아
가고 있다. 국지적
사건이나 지
역적인 문제
는 세계적인
규모로 발생
하는 과정의
영향을 받을
수밖에 없다.
세계는 지구온
난화, 기후 변화, 또
는 금융 시장과 다국적
기업의 확장으로 자극을 받는
다. 그 결과 사람들은 세계를 한
곳으로 인식하는 의식의 발전을 경험하고 있다. 이런 과정을 세계
화라고 한다.

개인의 삶은 어디서나 모든 사
건과 과정에 영향을 받아.

사회학자들은 세계화의 근본 원인이나 주요 결과에 대해서는
동의하지 않지만, 세계화가 우리 사회에 미치는 영향에 대해서만큼
은 사회학의 주요 테마로 삼고 있다.

시공간의 압축

세계는 급격히 가까워지는 것처럼 보이고, 우리의 삶은 더 빠른 교통과 통신수단에 의해 광란에 가까운 속도로 질주하고 있다. 사회학자이자 지리학자인 데이비드 하비 David Harvey, 1935 는 지리적 공간의 축소를 '시공간 압축'이라고 묘사한다.

예를 들어 18세기에 바람으로 움직이는 돛단배의 평균속도는 시속 10마일 16킬로미터 이었지만, 21세기에는 제트엔진을 장착한 항공기가 500마일의 속도로 우리를 실어나를 수 있다. 또한 인터넷과 위성기술과 같은 디지털 통신수단은 절대적이고 상대적이던 물리적 거리를 획기적으로 줄여버렸다.

시공간 압축은 과학과 기술의 진보로 이뤄진다. 하비는 이러한 발전이 자본주의자들이 생산하는 상품의 변화에서 비롯되었다고 주장해, 시공간 압축과 과학기술 진보의 인과관계를 한층 더 복잡하게 만들었다.

시공의 확장

빠른 이동에 대한 접근 정도의 차이와 상관없이, 공간 축소에 대한 우리의 경험은 동일할까? 세계가 축소되고 있다면, 이것은 사회적 관계에 어떤 영향을 미칠까? 영국의 사회학자 앤서니 기든스 Anthony Giddens, 1938 는 이런 의문을 다루기 위해, '시공의 확장'이라는 용어를 사용한다. 전통적인 사회에서 사회적 상호작용은 '공존 또는 대면 관계'가 필요했다. 공존은 '여기'와 '현재'를 매우 중요하게 여긴다. 그런데 세계화는 서로 다른 시간대에 존재하는 사람들 간의 소통과 상호작용 능력을 극대화한다고 기든스는 주장한다.

사회 시스템은 세계 차원에서 각각 분리되지는 않지만 종종 네트워크로 연결되지.

• 앤서니 기든스

이매뉴얼 월러스틴 Immanuel Wallerstein, 1930~2019 은 세계화가 자본주의 발전의 결과물이라는 데 동의한다. 그는 자본주의가 수 세기 동안의 발전 끝에 20세기 후반에 성숙된 세계체제라고 주장한다.

　16세기부터 기술 발전과 시장 제도는 유럽인들이 자원과 무역, 특히 천연자원을 얻기 위해 세계의 다른 지역을 탐험하도록 자극했다. 월러스틴이 '끝없는 자본의 축적'이라고 표현했을 만큼 자본주의는 자양분이 풍부했다. 자본주의는 발전을 위해 더 값싼 원자재와 새로운 소비자를 찾기 위한 끊임없는 탐색을 한다.

· 이매뉴얼 월러스틴

세계체제는 일부 국가가 다른 국가를 정치·경제적으로 착취하는 오늘날의 중요한 경제 시스템이지.

중심과 주변

세계체제는 어떤 국가도 자본주의의 틀을 완전히 벗어날 수 없다는 것을 의미한다. 원하든 원하지 않든 모든 상태는 체제에 연결되고 통합된다. 문제는 전체 시스템 내에서 각 나라는 어디에 위치하고 있느냐이다. 월러스틴은 시스템 안에 있는 나라들 간의 '핵심과 주변' 관계에 대해 언급한다.

중심국가는 경제적·군사적으로 막강한 영향력을 갖고 있으며 기술 발전을 선도하는 선봉에 서 있다. 이들 국가는 값싼 노동력과 원자재 석유, 가스, 광물 등 를 추출하여 더 가난하고 약한 주변국가를 착취하고 힘을 사용한다. 주변국들은 정치적으로 불안정하고, 노동자들은 열악한 노동 환경에 처해 있다. 이들 국가는 전형적으로 중심국가에 막대한 금융 부채를 지고 있기 때문에, 결국 중심국가의 원조에 의존한다. 이 구조의 완충제 역할을 하는 나라가 바로 반 주변적 상태에 있는 국가들이다. 이들 국가는 산업화되고 중심국가에 착취당하지 않을 정도의 충분한 힘을 갖고 있다.

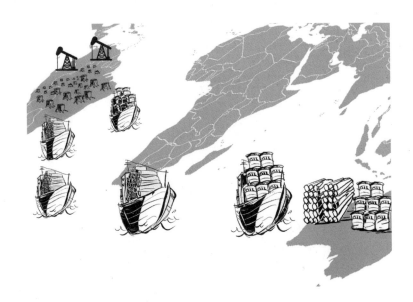

세계체제론은 우리가 세계를 하나의 큰 장소로 생각하게 만든다. 어떤 나라를 사회학적으로 이해하려면 세계체제 하에서 모든 나라는 중심국, 반 주변국, 주변국의 일원이라는 관점으로 각 나라의 위치를 바라볼 필요가 있다.

월러스틴은 자본주의나 세계체제가 돌에 새겨진 것처럼 고정된 것이 아니라고 주장한다. 시간이 흐름에 따라 일부 국가는 위치가 변경될 수도 있고, 강력한 리더국 또한 될 수도 있다.

문화적 세계화

- 칼 마르크스

시공간 압축과 세계체제는 마르크스 세계화 이론의 산물이다. 세계화는 자본주의 발전의 산물이며, 자본주의는 사회적·경제적 불평등을 확대하는 세상을 만든다고 강조하는 마르크스 이론이다. 물론 세계화에 관해 마르크스주의와 다른 견해를 가진 사회학 이론도 있다. 마르크스주의자와 비마르크스주의자들 사이의 핵심 논쟁은 세계화가 문화적 동질성 동일성 을 만들어내는지, 아니면 문화적 이질성 특이성 을 만들어내는지의 여부이다.

동질화

마르크스주의 이론들은 종종 세계화가 문화적 동질화를 낳고, 중심국가들이 대량으로 생산한 문화상품들이 전 세계적으로 소비된다고 강조한다. 문화적 동질화는 주변국가의 관습이나 문화를 중심국가의 관습이나 문화로 대체해 주변국가의 관습이나 문화를 파괴한다.

특히 문화적 동질화가 중심과 주변 간의 불평등한 경제관계를 유지하는 데 이용될 때, 이는 문화적 제국주의가 된다. 미국은 애플, 코카콜라, 스타벅스, 맥도날드와 같은 미국 소비자 브랜드의 지배를 보장하기 위해 경제력을 이용한다. CNN, 디즈니, 워너와 같은 대중매체 기업들의 우월적 지위 또한 동일한 연장선상에 있다. 이는 중심국가이자 리더로서 미국의 위치를 반영한다.

전 세계 어디서나 똑같은 소비재의 사용으로, 어디서나 똑같은 사고방식이 생겨나고 있어.

동질화에 관한 정교한 논문의 예로, 게오르크 리처 Georg Ritzer, 1940 의 '맥도날드화' 분석이 있다. 이 논문은 막스 베버의 형식적 합리성에 기반을 두고 있다. 베버는 현대사회의 특징으로 합리적 시스템이 형식적으로 우위에 서는 경향이 있다고 주장했다.

　　리처는 맥도날드가 패스트푸드 레스토랑을 운영하는 방식 즉, 합리적 시스템 이 미국 사회와 다른 전 세계 사회의 특정 부문을 지배할 것이라고 주장한다.

합리성이란 전통적(또는 비논리적인)인 규칙이 논리적이고 일관적인 규칙으로 대체되는 걸 의미하지.

・게오르크 리처

맥도날드화의 주된 특징은 효율성과 계산의 편리성, 예측 가능성 및 관리 능력이다. 특히 인간을 비인간적인 기술로 대체한다는 특징이 있다. 맥도날드화란 가장 작은 수준으로 분해한 과제를 떠맡기는 방식이다. 이렇게 한 다음 매번 동일한 방법으로 완료하고, 원하는 예측 가능한 결과를 도출하기 위해 가장 효율적이고 논리적인 순서를 찾는 것이다. 수량또는 계산의 편리성 또한 좋은 성과를 의미하는 척도가 된다.

리처는 이 방식들이 전 세계 거의 모든 패스트푸드 기업들로 수출되었다고 주장하며, 글로벌 동질화의 전형적인 사례로 꼽는다.

이질성

세계화가 동일화를 만든다는 주장과 관련해 중요한 비판이 있다. 사회학자들은 문화 접근 방식이 글로벌화된다는 점을 받아들이지만, 이러한 문화 흐름은 조금 복잡한 양상을 보인다는 것이다. 즉 특정 문화에 노출된다고 해서 반드시 이념적 전향으로 이어지는 건 아니라고 주장한다.

전 세계의 집단은 같은 문화 형태를 소비하지만, 현지의 관습 및 경험에 맞게 적응하거나 의미를 변경한다. 글로벌 기업이 현지 여건을 감안해 상품을 조정하는 방식과 유사하다. 인도의 스타벅스는 현지 사람들의 입맛에 맞는 특정한 맛을 제공한다.

또한 이질성은 현지 주민들이 자신들의 특정한 경험을 반영하기 위해, 세계 문화 상품을 재해석하거나 조정할 때 발생한다. 대학 교수인 이엔 앙Ien Ang, 1954년 은 1980년대 미국 연속극인 〈댈러스〉를 전 세계 시청자들이 어떻게 시청하는지 살펴보았다. 앙은 다른 나라 시청자들이 이 TV쇼를 매우 다른 방식으로 해석한다는 걸 발견했다.

현지화

- 롤랜드 로버트슨

일부 사회학자들은 지역 전통과 세계적인 근대성 사이의 만남 지점을 혼성의 증거로 간주해, 두 가지 혹은 그 이상의 다른 형태를 조합하여 새로운 것을 만들 수 있다고 생각한다.

롤랜드 로버트슨Roland Robertson, 1938 은 '현지화Glocalization '라는 용어를 통해, 사람들은 항상 자신의 지역 현지 문화를 고려하여 글로벌 문화상품을 재해석해야 한다고 지적한다. 다시 말해 세계 문화는 지역 현지 문화에 의해 자연스럽게 제한적으로 수용된다. 현지화는 다국적 기업들의 마케팅 전략에서 비롯되었는데, 다국적 기업들은 상품을 전 세계에 판매하기 위해 지역 문화의 정체성에 맞게 광고나 상품을 조정한다.

현지화는 세계 문화와 지역 문화의 혼합이지.

· 롤랜드 로버트슨

위험 사회

- 울리히 벡

만약 세계화가 그토록 집약적인 것이라면, 그것이 우리 사회를 확실하고 근본적으로 변화시킬 수 있을까? 독일의 사회학자 울리히 벡 Ulrich Beck, 1944~2015 은 세계화로 인해 '위험 사회'가 만들어졌고, 통제할 수 없는 힘이 분출되었다고 주장했다. 여기서 위험이란 인간이 만든 위험으로, 불확실성이란 감정을 만드는 현대의 사회적 조건이다. 벡은 '위험'을 제거하는 데 기여하는 몇 가지 중요한 측면을 설명했다.

벡은 위험이 전 세계적이며 국경을 넘나든다고 주장한다. 우리는 일상생활에서 여러 가지 위험에 대처해야 한다. 정부와 공공기관은 위험에 대처할 준비가 부족해 끊임없는 위기와 불확실성을 더욱 악화시킨다. 벡은 현재 우리의 태도와 시스템을 거슬러 올라가, 사회가 몇 세기 동안 위험에 어떻게 대응하고 변해왔는지를 설명한다. 중세 말기의 위험은 지진이나 화산 폭발, 전염병 등과 같이 대부분 자연적인 것들이었다.

오늘날 이 시대는 벡이 '최초의 현대화'라고 부르는 시대, 즉 17세기에서 1960년대까지 이어진 시기를 추월했다.

· 울리히 벡

중세 말기에는 위험을 자연계의 산물, 운명 또는 신의 행위라고 여기고 대응했어.

최초의 현대화

최초의 현대화는 천연 원료를 사용하여 상품을 대량생산하는 산업 공장 기반의 경제 출현이 특징이다. 이때는 원하는 대로 사용할 수 있을 만큼 천연자원이 무한정 존재한다고 믿었다. 현대화는 또한 새로운 정치적 발전을 이끌어냈다. 다시 말해 민주 정부의 성장과 함께 시민의 권리가 대폭 신장했고, 결국 사람들은 공공주택이나 의료 및 고용과 같은 사회적 권리를 요구하게 되었다. 이것은 복지 국가의 형성으로 이어졌다. 결과적으로 국가가 우리의 생활 영역에 더 많이 개입함으로써 더욱 강력해졌다.

최초의 현대화는 사회생활에서 급진적인 변혁을 불러왔다. 여기서 우리는 탈전통화가 이뤄지는 과정을 목격한다. 종교적 권위와 같이 오래된 형태의 계급 질서나 관습은 덜 분명해지거나 희석되었다.

최초의 현대화를 통해 국가에서 더 많은 지원을 받았지만, 국가의 통제와 규제도 더 많이 받게 되었지.

우리는 개인으로서 자유롭게 사회적 정체성과 우리가 속한 공동체를 선택할 수 있어.

두 번째 현대화

두 번째 현대화, 위험 사회는 '성찰적 근대화'의 힘을 발휘한다. 벡은 두 번째 근대화가 언제 시작되었는지에 대해서는 구체적으로 밝히지 않는다. 하지만 제2차 세계대전 후 혼합 경제와 튼튼한 복지국가가 공정한 사회를 만들어낸다는 믿음과 대체로 일치한다. 또한 위험 사회에는 금융 시장과 환경 등, 전 세계 문제의 위협이 커지고 있다는 우리 사회의 인식이 반영되어 있다.

성찰적 근대화란 우리 사회가 새로운 형태의 위험과 불확실성을 경험하고 다루기 시작하는 지점이지.

두 번째 현대화에서 느끼는 위협감은 아이러니하게도 '인간이 만든' 문제에서 비롯되며, 우리에게 이익이 되어야 할 사회정책에서조차 느낄 수 있다. 완전 고용과 복지국가가 한때는 개인에게 안전망을 제공했지만, 두 번째 현대화에서는 거의 사라졌다. 현재 사람들은 종종 단기계약으로 일을 하고 있고 인원 감축을 두려워한다. 고용 안정성이 거의 사라지고 없다.

두 번째 현대화에서는 과학과 기술을 인간의 진보로 이끄는 양성_{좋은 것}으로 보지 않는다. 대신에 과학을 불신하고 과학이 세상에 미칠 결과를 두려워한다.

설마 내가 해킹당할 줄은 미처 몰랐다. 내 저축은 순식간에 모두 없어졌어!

위험 대응

사회 차원에서, 또는 개인 차원에서 두 번째 현대화, 즉 위험 사회에 어떻게 대응해야 할까? 일부 사회학자들은 위험을 줄이고 삶에 대한 안정감과 통제력을 되찾으려는 다양한 방법에 관심을 보이고 있다. 물론 그것이 쉽지 않고, 그러한 시도가 오히려 문제를 초래할 수 있다는 점을 그들 또한 인정한다.

위험 사회는 우리를 개인으로 존재하도록 권장할 수 있지만, 이것 또한 우리의 뿌리를 없애고 고립을 심화시킨다. 이에 대응하기 위해 우리는 소속감과 안정감을 얻어 공동체 의식을 형성하려고 노력한다. 그러나 최악의 경우, 외국인 혐오나 심지어 인종차별적 형태의 공동체로 이어질 수도 있다.

새로운 기회?

울리히 벡은 세계화와 위험 사회가 긍정적인 사회 변화를 위해 새로운 기회를 열어준다고 믿었다. 우리가 직면하는 많은 문제들이 세계적인 성격을 갖고 있다면, 이를 다루고 해결하기 위해서는 세계 차원의 사고방식을 채택해야 한다. 이러한 세계적인 문제로는 기후 변화나 환경 파괴, 식량 위협, 핵무기, 세계 금융 위기, 유전자 복제, 테러와의 전쟁 등이 포함된다.

벡은 단일국가 차원에서는 이런 문제를 성공적으로 해결할 수 있을 만큼의 힘을 갖기 어렵다고 지적한다. 또 많은 단일국가에서 정치적·경제적 힘이 약화되고 있지만, 이것이 전적으로 부정적인 현상은 아니라고 믿었다. 여기서 벡은 우리가 국경을 넘나들며 협력하면 세계적인 문제들을 다룰 수 있을 거라는 기회를 발견했다.

정치적·경제적 결정은 현재 주로 EU, 세계은행, NATO, 유엔, 국제통화기금 등 국가를 초월한 기관(초국가 기관)에 위임되고 있어.

범세계적 비전

벡은 우리에게 '범세계적 비전' 개발을 간곡히 요청했다. 국익이나 개인의 관심사만을 고려하지 않고, 우리 모두의 미래와 운명이 어떻게 세계 차원의 규모로 묶여 있는지 살펴봐야 한다고 주장한다. 벡은 단일국가가 무력해지고 있다는 사실을 깨달았지만, 그렇다고 다국적 기관이나 기업이 범세계적 비전을 갖고 있다고 믿지도 않았다. 이를 깨닫는 과정에서 오히려 평범한 사람들을 주역으로 보았다.

범세계적 비전은 세계 시민사회, 다시 말해 가족이나 국가, 사회, 정치, 경제의 테두리를 넘어 사상이나 가치관, 제도, 조직, 네트워크와 같이 개인 영역의 발전에 명백히 기여하고 있다. 세계 시민사회는 '아래로부터 세계화'가 이뤄지는 증거로 평가한다.

　　다국적 기업의 하향식 세계화가 이뤄지는 것을 허용하는 대신, 세계 시민사회는 세계화의 과정을 일반 시민들이 주도하려는 시도이다. 예를 들어 사람들의 힘은 지속가능한 방식으로 생산되는 음식을 먹고, 노동력 착취로 생산된 옷을 입지 않는 우리의 작은 선택을 통해 이뤄질 수 있다.

국제 비정부기구

광범위하게 볼 때 세계 시민사회 유형에는 두 가지가 있다. 첫째, 행동과 목표에 대해 세계적 또는 국제적 기준을 가진 국제 비정부기구 INGOs. 이 기구는 인권과 환경 및 인도주의적 재난구호를 다룬다. 핵군축 운동, 그린피스 환경운동, 국제사면위원회, 빈민구호단체 등이 대표적이다. INGOs는 장기간에 걸쳐 공적 지원을 이끌어 온 준관료 기관이다. 이 조직들은 정책 변화를 시도하는 정부나 기업들과 장기적인 관계를 수립하고, 국가가 글로벌 차원의 인권 규범에 따르도록 하고, 다국적 기업들에게 청정하고 재생 가능한 에너지원을 더 많이 수용하도록 장려한다.

국제사면위원회는 국제기구의 지식이나 평판을 수많은 평범한 사람들의 목소리와 결집합니다.

글로벌 사회운동

세계 시민사회의 두 번째 유형은 사회운동이다. 이들 사회운동 단체는 정치적 목적을 위해 지속적으로 사람들을 동원한다. 개인의 힘에 기초하고 있고, 계층과 관계가 없으며, 신념과 연대를 공유하며 항의하는 방식을 사용한다.

민중 운동은 많은 나라에서 활동하고 지원을 받기 때문에 세계적 운동이라고 한다. 세계 시민행동은 부유한 나라에서 가난한 나라의 사람들을 지원하기 위해 소비자 불매운동을 할 수도 있다. 서구 국가들의 운동은 이른바 저개발 국가들의 운동에서 영감을 얻을 때도 있다. 예를 들어, '아랍의 봄' 운동은 세계 점령 운동에 중요한 영향을 끼쳤다.

나는 거대한 세계 사회 운동의 일부이다. 지금 바로 거리를 점령하고 세계 정의를 되찾자.

세계 시민사회의 발전을 위한 핵심 도구는 소셜 미디어다. 소셜 네트워킹은 전 세계에서 온 활동가들이 토론하고 아이디어를 얻고, 심지어 국경을 가로질러 여론에 영향을 미치는 강력한 방법이다. 예를 들어 2011년 뉴욕에서 사회적·경제적 불평등에 항의하기 위해 시작된 운동인 '월가를 점령하라'는 전 세계 1,000개 이상의 도시가 네트워크로 시위에 동참할 수 있도록 확산되었다.

세계의 변화

세계 시민사회가 세계화의 성격을 심각하게 바꾸고 있는가? 이러한 운동은 정치인으로 나아가는 것을 지향하지 않기 때문에, 직접적인 변화를 측정하기가 항상 어렵다. 그러나 사회학 관점에서는 이러한 운동이 다양한 방식으로 영향을 미친다고 본다.

33 사회운동

- 알베르토 멜루치

우리는 세계 사회운동의 힘에 대해 알고 있지만, 세계화 이전부터 사회운동이 존재했다는 사실을 인식하는 것이 중요하다. 사회학자들은 사회운동이 사회 변화를 위한 핵심 지표일 뿐 아니라, 사회변혁을 위한 엔진이기 때문에 줄곧 사회운동에 대해 연구해왔다.

사회운동은 자신들에게 불공평하다고 생각하는 사회의 특정 측면을 변화시키려고 노력하는 사람들의 집단 운동을 의미한다. 유명한 사회운동의 예로, 페미니스트, 동성애자 권리, 동물 권리, 흑인 시민권리, 그리고 '녹색운동' 등을 들 수 있다.

사회운동은 기존 제도의 영역 밖에서 집단행동을 통해 공동의 이익을 증진시키거나 공동의 목표를 이루려는 집단적 시도지.

• 앤서니 기든스

왜 지난 100여 년 동안 여러 나라들이 여성에게 투표권을 부여하거나 성소수자들에게 결혼 평등을 인정했을까?

사회운동 때문에!

구식 VS 신식 사회운동

이에 대한 사회학 내에서의 논쟁은 '낡은' 사회운동과 '새로운' 사회운동을 구별할 수 있는 정도이다. 이탈리아 사회학자 알베르토 멜루치 Alberto Melucci, 1943~2001 는 낡은 사회운동과 새로운 사회운동 사이에 분명한 차이가 있을 뿐 아니라, 이러한 구별은 사회 변화의 산물이라고 주장했다.

이전 세대의 집단행동은 주로 권리와 임금 인상을 요구하는 산업노동자들에게 초점이 맞춰져 있었다. 또 다른 구식의 사회운동은 국가 내에서 시민권과 평등을 얻기 위해 노력한 것들이었다. 예를 들어, 여성의 투표권을 요구하는 운동과 흑인에게 동등한 시민권을 요구하는 민권 운동이 그것이다.

탈물질주의

멜루치는 서구사회가 1960년대 이후 엄청난 사회 변화를 겪었다고 주장한다. 우리는 지금 산업화 이후의 사회에 살고 있으며, 이는 우리의 가치와 우선순위에 영향을 미친다. 멜루치는 또 다른 사회학자인 로널드 잉글하트 Ronald Inglehart, 1934 의 연구를 인용했는데, 잉글하트는 개인은 계급 질서에 따라 목표를 정한다고 주장했다.

우리는 경제적인 부족과 불안감을 느낄 때, 재정 문제나 강한 국방력, 법과 질서와 같은 물질적 측면을 강조하고 우선순위를 정한다. 이런 물질적 욕구가 충족되면 자기 표현, 삶의 질, 소속과 같은 가치에 우선순위를 둔다. 이것들은 탈물질적 가치들이다. 민주사회가 번창할수록 탈물질주의가 강조될 가능성이 높다. 탈물질적 가치에는 개인의 권한과 자유, 그리고 심지어 깨끗한 환경에 대한 욕구도 포함된다.

새로운 사회운동

멜루치는 오래된 사회운동은 물질적 가치에 중점을 둔 사회를 반영한다고 주장했다. 그러나 제2차 세계대전이 끝난 후 사회운동은 물질을 후순위에 두고 추진된다. 새로운 사회운동의 구성원들은 주로 중산층 출신이지만, 그들의 정치 이념은 좌우를 초월한다.

새로운 사회운동은 개인의 성장, 개인의 자유, 정부의 결정에 대한 시민의 참여, 휴머니즘에 기반한 사회의 이상, 깨끗하고 건강한 환경 유지에 초점을 맞추고 있어.

• 알베르토 멜루치

한때 성적 취향성생활은 사적인 문제였지만 레즈비언, 게이, 양성애자, 트랜스젠더, 퀴어 LGBTQ 운동이 일어나면서, 이들에 대한 기업과 고용의 차별 철폐, 결혼 평등을 요구함으로써 공적인 문제로 대중화되었다.

동물 권리 운동 시위자들 또한 의류와 패션을 정치 쟁점으로 만들었다. 이를 통해 동물 제품의 착용과 관련한 개인의 윤리뿐 아니라, 털, 가죽, 양모제품을 위한 동물 사육이나 생산과 관련한 광범위한 사회 윤리에 문제를 제기하고 있다.

사회운동은 이전에는 '개인적'이거나 '사적'으로 보이던 쟁점들을, 이제는 '정치적'이거나 '공적'인 쟁점으로 만들어 정치와 문화를 바꾸는 것을 목적으로 하지.

위르겐 하버마스 Jürgen Habermas, 1929년 는 낡은 사회운동과 새로운 사회운동의 분석에 중요한 기여를 했다. 하버마스는 활동가들을 둘러싸고 조성된 갈등과 자신이 말하는 '체계'로의 통합을 추구하는지 또는 저항하는지에 근거해, 낡은 사회운동과 새로운 사회운동으로 구분한다. 첫째, 산업 자본주의 사회에서 노동운동은 '자본 대 노동' 투쟁이 주된 전선을 형성한다. 하버마스는 노동운동이 노동조합과 정당으로 제도화되었다고 주장한다. 다시 말해 자본과 노동의 갈등은 법적·정치적 장으로 나아가 부딪히고 싸운다.

낡은 사회운동은 정치 체제 안에서 목적 달성을 추구하지. 하지만 일단 운동이 체제 안에 자리를 잡으면 급진적 변화를 추구하려는 잠재력은 대부분 상실하지.

• 위르겐 하버마스

새로운 사회운동은 정치 체제 외부에 남아 있다. 이것들의 주된 담론은 하버마스가 말하는 소위 '생활세계의 식민화'를 거부하는 것이다. 즉 한때 사적 영역에 머물던 생활 영역에 관료적 국가와 경제가 개입하는 것을 거부한다.

개인의 생활세계는 가족이나 교회, 학교, 지역사회와 같은 사회 제도를 통해 획득된다. 하버마스는 현대사회에서 우리의 생활세계가 부정적인 방해를 받고 있다고 주장한다. 복잡한 경제 관료체제가 사회생활의 모든 영역으로 확대되면서 정당성의 위기가 발생하고 있다는 것이다.

'생활세계'란 시민들이 사회적 행동을 만들어내고 협력할 수 있도록 의미를 공유하는 것이지.

시민들은 더 이상 국가나 경제 제도가 우리들에게 최선의 이익이 되게 행동한다고 믿지 않아.

이러한 신구 사회운동에 대한 구별이 타당할까? 크레이그 칼훈 Craig Calhoun, 1952 은 낡은 운동과 새로운 운동에 대한 분석적 분리는 별로 근거가 없다고 주장한다.

현대 사회운동에서 참신성을 보여주는 많은 특징들이, 이미 18세기와 19세기의 일부 사회운동에서 뚜렷하게 나타났어.

칼훈은 자율성이나 자기실현 등과 같이 탈물질적 정체성 문제와 관련해서는 과거에도 많은 운동이 있었다고 지적한다. 즉 과거의 페미니스트 운동, 독립운동, 금욕절제, 종교운동과 같은 가치들은 모두 '새로운' 것의 특징을 갖고 있다. 예를 들어, 19세기의 장인운동은 임금과 근로 조건 개선에 기여했을 뿐만 아니라, 자본주의 산업화에 맞서 전통공예와 공동체를 보호하려고 노력했다. 칼훈은 이러한 '구식' 운동을 사람들이 자신의 '생활세계'를 보호하려는 것으로 보았다.

현대 사회운동의 명백한 새로움이 무엇인지 조사하는 또 다른 방법은, 운동이 어떤 '구식'의 특징을 갖고 있는지 묻는 것이다. 현대의 운동이 계속 물질적 문제와 계급투쟁을 놓고 갈등을 빚고 있다고 생각하는가? 현대 운동의 일부는 아직까지 구식과 신식의 요소를 모두 갖춘 갈등 속에 자리하고 있다.

34 국가와 민족주의

- 피에르 L. 반 덴 베르헤

우리는 세계를 국가 단위로 나누는 것이 당연하다고 생각한다. 사회학자들은 어떤 나라를 고대국가와 현대국가로 봐야 할지 종종 논쟁을 한다. 또한 국경과 경계가 점점 더 모호해져가는 세계화된 상황에서 국가의 역할에 대해 논한다.

원초주의

국가란 민족의 문화와 역사를 공유하는 자연스러운 구조일까? 원초주의란 국가는 공통의 혈연, 친족, 문화와 인종적 동일성을 가진 민족으로 이루어져 있다는 사상이다.

원초주의는 국가를 고대 국가의 구조로 본다. 피에르 L. 반 덴 베르헤 Pierre L. van den Berghe, 1933년 는 국가에 대해 설명하기 위해 사회생물학적 관점을 내세웠다. 그는 민족 구성원들이 동류의식 때문에 서로 협력하는 경향이 있다고 주장했다. 국가란 자신을 스스로 보호하려는 민족 집단의 열망으로 인해 부상한다. 이들 집단은 공통의 민족 정체성에 기초하여 뭉치고자 하는 인간의 핵심 욕구를 충족시키기 때문에 항상 서로의 주변에 머문다.

169

민족 대 시민 민족주의

원초주의는 민족적 민족주의, 다시 말해 민족에 속하는 사람만이 국가의 일부가 될 수 있다는 사상과 밀접한 관련이 있다. 하지만 이 민족적 민족주의는 민족이 아닌 구성원들에게 폭력을 정당화할 수 있기 때문에 매우 위험하다. 국가를 상상하는 대조적인 접근 방법으로 시민 민족주의가 있다. 시민 민족주의는 모든 시민을 공정하게 대하고 인종과 민족의 기준에 차별을 두지 않는다.

일부 사회학자들은 소수민족은 피와 DNA를 공유하는 자연스러운 실체라고 가정하는 원초주의 입장에, 또 대부분의 사회학자들은 민족성이나 민족주의가 사회학으로 구축된 개념이라는 것에 동의한다.

하지만 구성주의 관점은 인종 집단을 나누는 생물학적, 유전적 특질은 없다고 주장한다. 프레드릭 바스 Fredrik Barth 1928~2016년 또한 인종 집단이 명확한 영토의 경계를 갖고 있고, 객관적인 문화 특성을 갖고 있다고 해서 생물학적으로 자급자족한다고 이해해서는 안 된다고 주장한다. 대신 민족 집단은 다른 인종 집단과 경계를 두고 자신들의 정체성을 유지하고 구별한다고 주장한다. 민족 또한 사회적으로 구성된다.

사람들은 특정한 조건에서 민족 정체성이 바뀔 수 있어. 또한 민족 집단은 세월이 흐름에 따라 변하거나 심지어 서서히 사라질 수 있지. 경계는 집단 간 사회적 상호작용 과정을 통해 구축되는 거야.

• 프레드릭 바스

그들인가, 우리인가.

만약 인종 집단이 사회적으로 구성된다면, 어니스트 겔너Ernest Gellner, 1925~95 는 국가도 마찬가지라고 주장했다. 민족주의는 현대사회의 피할 수 없는 산물이다.

겔너에 따르면, 농촌 인구의 집단 문맹과 낮은 인구 이동이 특징인 전근대사회는 단일국가가 필요하지 않았다. 현대 산업사회는 거대한 사회 변화, 새로운 형태의 사회 계층화와 개인주의를 수반한다. 그리고 민족주의는 현대사회에서 중요한 기능, 즉 사람들을 통합하기 위한 수단으로 활용된다.

전근대사회에서는 국가가 존재할 필요가 없고, 개인에겐 국적이 필요하지 않았어. 민족주의는 이전에 존재하지 않았던 국가를 만들어냈지.

• 어니스트 겔너

현대국가는 인구와 밀접한 관련이 없다. 따라서 통치 자체에 정통성이 있다는 인식을 심어주어야 한다. 그래서 국가는 모든 구성원을 동일시한다는 국가의 사상을 만들어 충성심을 함양한다.

민족주의는 국가의 중앙집권화와 표준화를 통해 뿌리를 내린다. 국가의 정체성은 나라 전역에 걸쳐 교육을 통해 전파되고 영구화된다. 그래서 민족국가의 역사 교과과정은 모든 어린이들이 국가적 영웅, 왕, 왕비의 위대한 업적을 배울 수 있도록 표준화되어 있다.

국가에 대한 충성심을 기르기 위해 국기와 국기 게양 및 하강식, 애국가를 만들지. 학교는 아이들을 애국자와 국가에 충성하는 시민으로 만들고 말야.

상상의 공동체

베네딕트 앤더슨 Benedict Anderson, 1936~2016년 은 겔너와 함께 국가는 발명된다는 본질에 동의했지만, 민족주의 발전의 열쇠로 인쇄물과 대중매체의 발전을 구체적으로 지목했다. 국가에 대한 이념은 신문이나 대중문학을 통해 배포된다는 것이다. 인쇄 매체, 특히 신문은 국가 정체성에 대해 일치된 의견을 전파할 수 있도록 허용되었다. 이런 매체를 통해 한때 서로 단절되었던 여러 지역의 개인들이 갑자기 공통의 민족적 소속감을 느끼게 된다.

국가는 '상상의 공동체'이고, 민족주의는 사람들이 자신이 국가의 일부라고 믿게 만들지. 또 국가를 문화와 정체성 및 역사를 공유하는 공동체로 보게 하지.

36

민족 상징주의

- 앤서니 D. 스미스

앤서니 D. 스미스 Anthony D. Smith, 1939~2016년 는 겔너나 앤더슨과 같은 근대주의자들이 국가 구성의 성격을 지나치게 강조한다고 주장했다. 또한 민족국가는 비교적 현대에 구축되었지만, 국가는 훨씬 더 오래되었다고 주장한다. 즉 국가의 정체성 사상은 오래전부터 존재해왔지만 민족국가는 18세기 이후부터 존재했다는 것이다.

스미스는 국가 건설자들은 새로운 민족국가를 만들기 위해 기존의 민족 전통이나 관습, 정체성 및 의식에 의존해왔다고 언급하면서, 이를 '민족 상징주의'라고 불렀다. 그리고 민족주의자들이 국가의 영속성을 바라는 신화나 기억, 가치, 상징을 끊임없이 활용한다고 언급했다.

• 앤서니 D. 스미스

민족주의자들은 국기를 사용하고, 고대의 영웅들, 이야기와 노래 및 이미지들을 부활시켜 국가가 항상 견뎌온 것처럼 보이게 하지.

민족 상징주의 관점은 근대주의자와 원초주의자들 간의 논쟁에 불안한 화해를 제공한다. 다시 말해 스미스는 민족국가가 현대의 발명품이라는 데 동의하지만, 산업사회의 도전에 대처하기 위해 단순하게 허공에서 소환된 것은 아니라고 주장했다. 국가를 건설하는 사람들은 기존의 민족적 전통을 따를 필요가 있다고 보았다.

또한 근대주의는 민족주의의 열정을 다루지 못했다고 비판한다. 다시 말해 '왜 국가를 위해 죽는가'라는 질문에 답할 수 없다는 것이다. 스미스는 공유된 기억과 조상에 대한 '신성한 공동체'에 답이 있다고 생각했다.

사람들이 국가에 깊은 소속감을 갖기 위해서는 국가가 자연의 원초적인 힘이라는 감정에 몰두할 수 있어야 한다. 민족주의자들은 고대국가의 상징과 신화를 활용해 사람들 사이에 원초주의 감정을 부추긴다. '선택된 사람들'의 신화는 매우 강력하다.

37

세계화와 민족주의

-에릭 홉스봄

여러 국가들과 민족주의는 세계화에 어떻게 대응해왔을까? 에릭
홉스봄 Eric Hobsbawm, 1917~2012 은 민족주의의 시대가 끝나가고 있다고
말했다. 민족주의는 산업화와 인쇄 기술이 지배하기 시작한 그 시
대에 적합하게 구성되었지만, 산업화시대 이후 사회와 고도로 세계
화된 경제에 필요한 기능을 더 이상 제공하지 못했다. 민족국가라
는 제도가 점점 덜 중요해지고 있는 것이다.

민족국가는 다국적 기업들이 주도하는 세계 경제에 통합되면
서, 경제적 결정권에 있어서 영향력을 잃고 있다. 많은 권력이 EU,
UN, 세계은행, NATO
나토와 같은 초국가적인
기구들에 위임되어 각
국가들의 정치적 결정
권 권한이 축소되었다.
그리고 우리의 문화적
선택 또한 세계화되고
있다.

난 우리 민족이나 우리나
라 사람들보다 온라인으
로 만나는 사람들과 더 많
은 공통점을 느껴.

· 에릭 홉스봄

세계화된 세계에서는
국가가 막강한 권한을
갖지 못하기 때문에 민
족주의는 부적절하지.

그렇다고 해서 민족주의가 사라진 것은 아니다. 1991년 냉전 종식 후 전 세계적으로 구 유고슬라비아, 우크라이나 등 민족주의로 인한 파괴적인 분쟁이 적지 않았다. 스미스는 국가들이 글로벌 시대를 초월했다고 생각하지는 않았다. 현재 세계 각지에서 일어나는 민족주의 물결은 끝나지 않는 민족주의 사상의 본질이 무엇인지, 뿌리 깊은 인간의 요구에 민족주의 사상이 어떻게 반응하는지 그 방식을 잘 보여준다.

앤서니 스미스는 세계화의 경향에 반응하여 나타나는 '지역 민족주의의 부활'에 주목한다. 거기에 역설적인 사실들이 있다.

• 앤서니 D. 스미스

작은 국가는 사람들이 정치적 · 경제적 결정에 대한 통제권을 되찾을 수 있도록 도울 필요가 있어.

민족국가는 세계화된 세계에서도 잘 견뎌내지.

마누엘 카스텔스 Manuel Castells, 1942 는 세계화와 민족주의의 관계에 관해 다른 생각을 갖고 있었다. 그는 새로운 민족주의가 세계화에 대한 방어적인 반응이라고 해석했다. 세계화에 따른 경제적·사회적·문화적 영향은 전통적인 형태의 사회적·정치적 결속을 파괴하고, 경계를 허물고, 미래에 대한 불안과 불확실성을 야기한다는 것이다.

민족주의는 이러한 위협으로부터 자신을 방어하려는 사회집단의 시도를 나타낸다. 새로운 민족주의는 외국인을 혐오하고 오래된 배타적 민족주의 형태를 취하고 있다.

사회학이 세상을 변화시킬까?

- 마이클 부라보이

사회학은 세계를 설명할 때 뛰어난 학문일 수 있다. 하지만 사회학이 정말로 세상을 변화시킬 수 있을까? 사람들은 주위를 둘러보고, 우리가 여전히 개인과 집단 사이의 명백한 불평등으로 점철된 세상에 살고 있다고 꽤 합리적인 결론을 내릴 것이다.

우리는 여전히 가부장제, 동성애 혐오증, 경제적 착취, 외국인 혐오증, 인종차별을 겪고 있다. 이것은 불평등으로 정의되지 않는 사회를 건설함에 있어서 오히려 사회학이 무기력하다는 사실을 보여주는 것일까?

나는 사회학 지식을 어떤 긍정적인 효과를 위해 활용할 수 있을까?

100년 이상 계속되어온 사회학이라는 학문의 '결과'를 어떻게 평가해야 할까? 이 질문의 답은 우리가 어떤 종류의 사회를 보고 싶은지, 또 사회학자들 사이에 공감대가 거의 없다는 사실 때문에 더욱 복잡하다.

일부 사회학 사상은 정부에 의해 채택되었다. 예를 들어 앤서니 기든스는 1990년대 후반 영국 정부와 사회 정의와 관련된 정책에 관해 긴밀히 협력했다. 이렇게 사회학자들은 종종 다양한 사회문제와 쟁점들을 분석하기 위해 미디어의 구애를 받고 있으며, 대중이 더 잘 이해하고 대응할 수 있도록 도움을 주고 있다.

사회학이 정부 정책에 미치는 영향과 그에 따른 명확한 증거를 찾는 것은 사회학의 영향을 편협하게 볼 위험이 있다. 사회학자 마이클 부라보이 Michael Burawoy 1947 는 사회학과 정책의 관련성을 이해하는 대안적인 방법은 사회학을 거울로 보는 것이라고 주장한다. 여기서 우리는 우리 자신과 우리 사회를 바라볼 수 있다. 이 거울은 우리의 시야에서 가려지거나, 또 우리에게 반사된 이미지를 파악하기 어려울지도 모른다. 하지만 우리는 우리의 이미지를 인식할 때 그것을 좋아하는지 질문을 던질 수 있고, 어떻게 하면 더 나은 방향으로 바꿀 수 있는지 물을 수는 있을 것이다.

• 마이클 부라보이

참고문헌

- 《댈러스 관람 Watching Dallas: Soap opera and the melodramatic imagination 2013》, 이엔 앙, Routledge.

- 《위험사회 Risk Society: Towards a new modernity(Vol. 17)》, 울리히 벡, Sage.

- 《젠더 트러블 Gender Trouble: Feminism and the subversion of identity(2011)》, 주디스 버틀러, Routledge.

- 《구별 Distinction: A social critique of the judgement of taste(1984)》, 피에르 부르디외, Harvard University Press.

- 《남성성 Masculinities(2005)》, 래윈 코넬, University of California Press.

- 《흑인의 영혼 The Souls of Black Folk(2007)》, 두 보이스, Oxford University Press.

- 《에밀 뒤르켐 Emile Durkheim: Selected writings(1972)》, 에밀 뒤르켐 & 앤서니 기든스, Cambridge University Press.

- 《민족과 민족주의 Nations and Nationalism(2008)》, 어니스트 겔너, Cornell University Press.

- 《권력/지식 Power/Knowledge: Selected interviews and other writings(1980)》, 미셸 푸코, Pantheon.

- 《성의 역사 The History of Sexuality(2012)》, 미셸 푸코, Vol. 2: The use of pleasure, Vintage.

- 《사회학 Sociology(2003)》, 펄처 J. & 스콧 J., Oxford University Press.

- 《유니언잭에는 블랙이 없다 There Ain't No Black in the Union Jack(2013)》, 폴 길로이, Routledge.

- 《일상생활에서의 자기 표현 The Presentation of Self in Everyday Life(1978)》, 어빙 고프만, Harmondsworth.

- 《포스트모더니티의 조건 The Condition of Postmodernity: An enquiry into the origins of cultural change(1989)》, 데이비드 하비, John Wiley & Sons.

- 《공공 영역의 구조적 전환 The Structural Transformation of the Public Sphere: An inquiry into a category of bourgeois society(1991)》, 위르겐 하버마스, MIT Press.

- 《관리되는 마음 The Managed Heart: Commercialization of human feeling(2003)》, 앨리 혹실드, University of California Press.

- 《침묵의 혁명 The Silent Revolution: Changing values and political styles among Western publics(2015)》, 로널드 잉글하트, Princeton University Press.

- 《감시사회 Surveillance Society: Monitoring everyday life(2001)》, 데이비드 라이언, McGraw-Hill Education (UK).

- 《포스트모던의 조건 The Postmodern Condition: A report on knowledge(Vol. 10)(1984)》, J. F. 리오타르, University of Minnesota Press.

- 《사회학 Sociology: A global introduction(2005)》, 존 요셉 마치오니스 & 플러머, K, Pearson Education.

- 《사회학적 상상력 The Sociological Imagination(2000)》, C. 라이트 밀스, Oxford University Press.

- 《다문화주의 Multiculturalism(2013)》, 타릭 모두드, John Wiley & Sons.

- 《사회의 맥도날드화 The McDonaldization of Society(2011)》, 게오르크 리처, Pine Forge Press.

- 《글러벌리제이션 Globalization: Social theory and global culture(Vol. 16)(1992)》, 롤랜드 로버트슨, Sage.

- 《세계체제 분석 World-Systems Analysis: An introduction(2004)》, 이매뉴얼 월러스틴, Duke University Press.

- 《개신교 윤리와 자본주의의 정신 The Protestant Ethic and the Spirit of Capitalism: And other writings(2002)》, 막스 베버, Penguin.

지적 대화를 위한
교양인의 사회학

초판 1쇄 인쇄 2024년 4월 25일
초판 1쇄 발행 2024년 4월 30일

글쓴이 존 네이글
그린이 피에로
옮긴이 양영철

펴낸이 박세현
펴낸곳 팬덤북스

기획 편집 곽병완
디자인 김민주
마케팅 전창열
SNS 홍보 신현아

주소 (우)14557 경기도 부천시 조마루로 385번길 92 부천테크노밸리유1센터 1110호
전화 070-8821-4312 | **팩스** 02-6008-4318
이메일 fandombooks@naver.com
블로그 http://blog.naver.com/fandombooks

출판등록 2009년 7월 9일(제386-251002009000081호)

ISBN 979-11-6169-286-9 (03300)